シリーズ「遺跡を学ぶ」

127

# 古代地方木簡のパイオニア

## 伊場遺跡

鈴木敏則

新泉社

# 古代地方木簡のパイオニア
## ―伊場遺跡―

鈴木敏則

【目次】

編集委員
勅使河原彰（代表）
小野　昭
小野　正敏
石川日出志
小澤　毅
佐々木憲一

装　幀　新谷雅宣
本文図版　松澤利絵

# 第1章　木簡の発見

## 地中からあらわれた古代の文字

「墨で書かれた鮮やかな文字を見たときの感動は、四五年が経過しても鮮明に思い出される」——これは当時の調査担当者の言葉である。

時は一九七〇年一〇月一五日。調査員二人だけで「伊場大溝《いばおおみぞ》」とよばれる古代の川跡の縁にある貝塚周辺を移植ゴテで掘っていると、貝殻や土器破片に混じって小さな板切れがみつかった。手にとるや「字が書いてある」と叫び、もうひとりの調査員を驚かせた。モッカンが出たと伝えても「木棺？」と聞き返されたという、そんなエピソードが残るほど当時はまだ木簡の認知度が低かったのである。一九六一年に平城宮跡ではじめて木簡が発見されてから一〇年とたっていなかった。

木製品は地上で放置されれば、自然に分解してしまうが、水分を多く含む土のなかでは腐朽しにくい。伊場大溝には豊富に水分を含んだ粘土が堆積していたため、木製品もよく残ることになったのである。出土直後の板材は、生木よりもきれいな明るい黄橙色《きだいだいいろ》をしている。そのため、発見されたばかりの木簡は、墨で書かれた文字が黒々とくっきりみえることが多い。私も木簡を掘る機会に恵まれたが、鮮やかに残る文字をみた瞬間の感動はいまでも忘れられない。

最初に発見された木簡には「□御使進上」と書かれていた（伊場34号、図1）。進上とあることから、貢進先や物品名は不明ながら、郡家《ぐうけ》（地方の役所）から「御使」に付され、貢納されたことを示す。なお、木簡には遺跡ごとに番号を連番で付けている。

伊場遺跡ではその後も木簡がつぎつぎに発見され、地方でまとまった数の木簡が出土する遺跡として著名になったのである。

### 信じてもらえなかった最古の木簡

伊場遺跡の木簡にかかわる当時のエピソードをもう一つ紹介しておこう。伊場遺跡で最初に発見された「進上木簡」に続き、同じ第三次調査で「乙未年《きのとひつじ》十月」と記された木簡（伊場8号、図2）がみつかった。

「乙未年」は、年を十干と十二支の組み合わせで表現したもので、西暦では六九五年にあたる。地方で七世紀にさかのぼる干支表記の木簡が出土するはずがないという思い込みがあったのだろう、

**図1 ● 伊場34号木簡**
「□御使進上」と書かれ、上端は欠損しているが、何らかのものを差し出したことを意味する。

奈良時代には年を和銅や天平などの元号で表記し、干支で表記することはないとする専門家の指摘で、『伊場遺跡第三次発掘調査概報』（一九七一年）では、乙の字は合点、未の字は六にもみえないことはないと、「(合点を付した)六年十月」と報告された。

このころ、干支で年を記した大宝令施行以前にさかのぼる木簡の類例の増加もあって、同じ年の末に刊行された『伊場遺跡出土文字集成（概報）』では、乙未年と読みあらためられた。

こうした混乱は、資料の蓄積が十分ではなく、研究もまだ新出資料にこたえるだけ進んでいなかったことによる。第三次調査の概報に記載されている木簡の説明文には、「発見当初、乙未年十月と読んだのだが、奈良時代には干支で表す例がないので、読みすぎであろうとの指摘を受けた」とあり、みえるにもかかわらずなぜ正直な読みが採用されないのか、当時の担当者の複雑な思いがにじんでいるようにみえる。

**図2 • 伊場8号木簡**
「乙未年」は695年にあたり、7世紀にさかのぼる紀年銘木簡。

## よみがえる地方郡家

こうして伊場遺跡の木簡に記された内容から、律令制による地方支配の本格的な実施がそれまで考えていた以上に古く、七世紀にさかのぼることが確実になった。また、租庸調《そようちょう》、出挙《すいこ》、祭祀、地名表記、文書の書式など、いままで記録になかった郡家での地域支配の実態についても多くの情報が提供されるに至った。地方においては希少な文字資料の発見により、古代郡家の解明のために重要な遺跡として、伊場遺跡は全国に知られることとなったのである。

ここで、少し古代の地方行政制度について補足しておこう。東海道には、西から伊勢、志摩、尾張、三河、遠江、駿河、伊豆、相模、武蔵、上総、下総、安房、常陸の諸国がある。そして国の下の行政組織には「郡《ぐん》」があり、その下に「郷《ごう》」がある。なお、大宝令施行（七〇一年）前には、「郡」は「評」（ともにコオリという）、「郷」は「里」あるいは「五十戸」（いずれもサトという）と表記された。

各国の役所は「国府《こくふ》」といい、郡の役所が「郡家《ぐうけ》」である。国の役人である国司は中央から派遣されるが、郡の役人の郡司は地域の豪族が任命された。浜松市西部は遠江《とおとうみ》国に属し、コオリは七世紀には「渕《ふち》評」、八世紀以降は「敷智《ふち》郡」と記された。

また国の組織の下には、「軍団《ぐんだん》」と「駅家《うまや》」（駅）も設けられた。駅家は、地方との連絡を緊密にする目的で、七道駅路には原則三〇里（約一六キロ）ごとにおかれ、東海道では駅馬一〇疋《ひき》が配された。遠江には猪鼻、栗原、□摩（□は不明）、横尾、初倉《はつくら》の五駅がおかれ、伊場遺跡周辺に栗原駅が存在した。

## 伊場遺跡周辺の地形

伊場遺跡のある静岡県浜松市は、北部の山間地を除くと、おおよそ浜名湖北西部から天竜川までを市域としており、中心部に三方原《みかたはら》台地、東に天竜川平野、南に海岸平野、西に浜名湖を擁する（図3）。
浜松市の南方にある現在の砂丘は、中田島《なかたじま》砂丘とよばれている。ゴールデンウィークにおこなわれる浜松祭の凧揚げ会場、あるいは国の天然記念物であるアカウミガメの産卵地として、耳にされた方も多いと思う。地元では鳥取砂丘、九十九里浜とともに日本三大砂丘と自慢してきたが、現在は海岸線の後退が著しい。また東日本大震災後、予想される東海・東南海大地震の大津波に備えるための大がかりな防潮堤工事がおこなわれており、その方面で聞き及んでいる方も多いだろう。

伊場遺跡は、静岡県のJR東海・浜松駅から西へ二〜三キロほどの東海道本線の周辺に位置する（図5）。そこは浜松市南部の海岸平野で、造成が進んだ現在では広く平地が続き都市化しているが、かつては東西に長い何条もの砂丘列があり、そのあいだが湿地になっていた土地である。人びとは砂丘部の高まりに住み、その周辺を畑地とし、湿地を水田や蓮田として生活してきた。

古い地形図からは、遠州浜にある中田島砂丘まで八条の砂丘列が確認できる。伊場遺跡のす

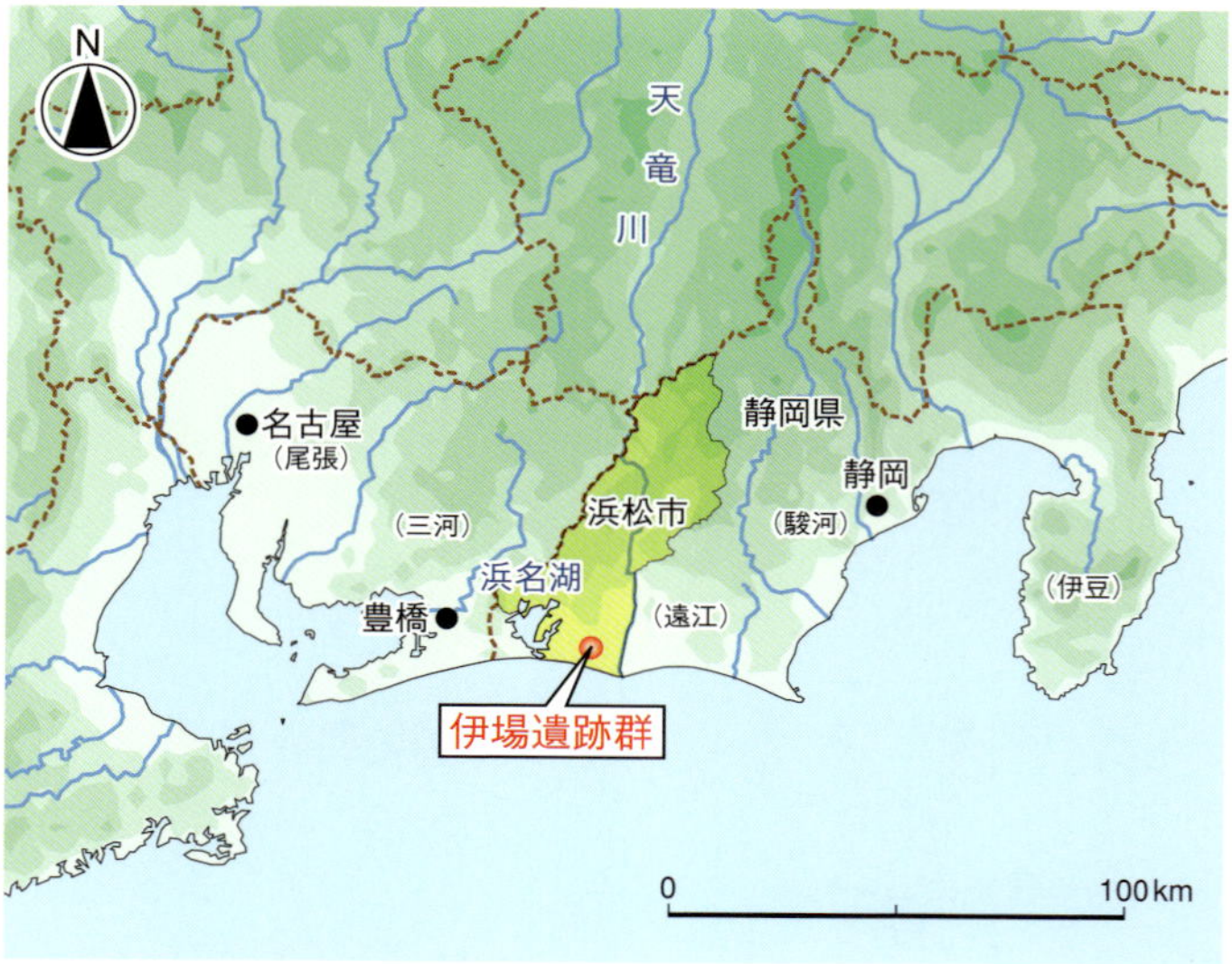


**図3 ● 伊場遺跡の位置**
伊場遺跡がある浜松市は、東京と大阪の中間に位置し、古代から現代まで、東西文化の接点にあたる（括弧内は旧国名）。

ぐ北側にある三方原台地の南端は海食崖で、二〇〜三〇メートルの崖面をなしている。崖面直下に一条目の砂丘（第一砂丘）があり、伊場遺跡はその南約五〇〇メートルの第二砂丘上に立地する。

## 伊場遺跡の発見

伊場遺跡の発見は、戦後まもない一九四九年二月にさかのぼる。太平洋戦争末期、アメリカ軍を中心とした艦隊が浜松市に艦砲射撃をおこなった。そのときの艦砲弾の着弾によりできた大きな破裂穴がいつしか沼となり、魚の姿もみえるようになった。そこへ魚とりに来た地元の中学生が弥生土器を採集した。それを中学校の社会科を教えていた先生にみせたところ、先生は出身の國學院大學考古学研究室に連絡し、同年四月から翌年七月にかけて発掘調査が実施されることになったのである（第一次調査）。

遺跡の発見後、早々に発掘調査がおこなわれたのは、東は静岡市の登呂遺跡、西は愛知県豊橋市にあ

図4 ● 浜松市南部の海岸平野
遠州灘から天竜川平野を望む。中田島砂丘と、その右に馬込川河口がみえる。市街地の左端あたりに伊場遺跡がある。

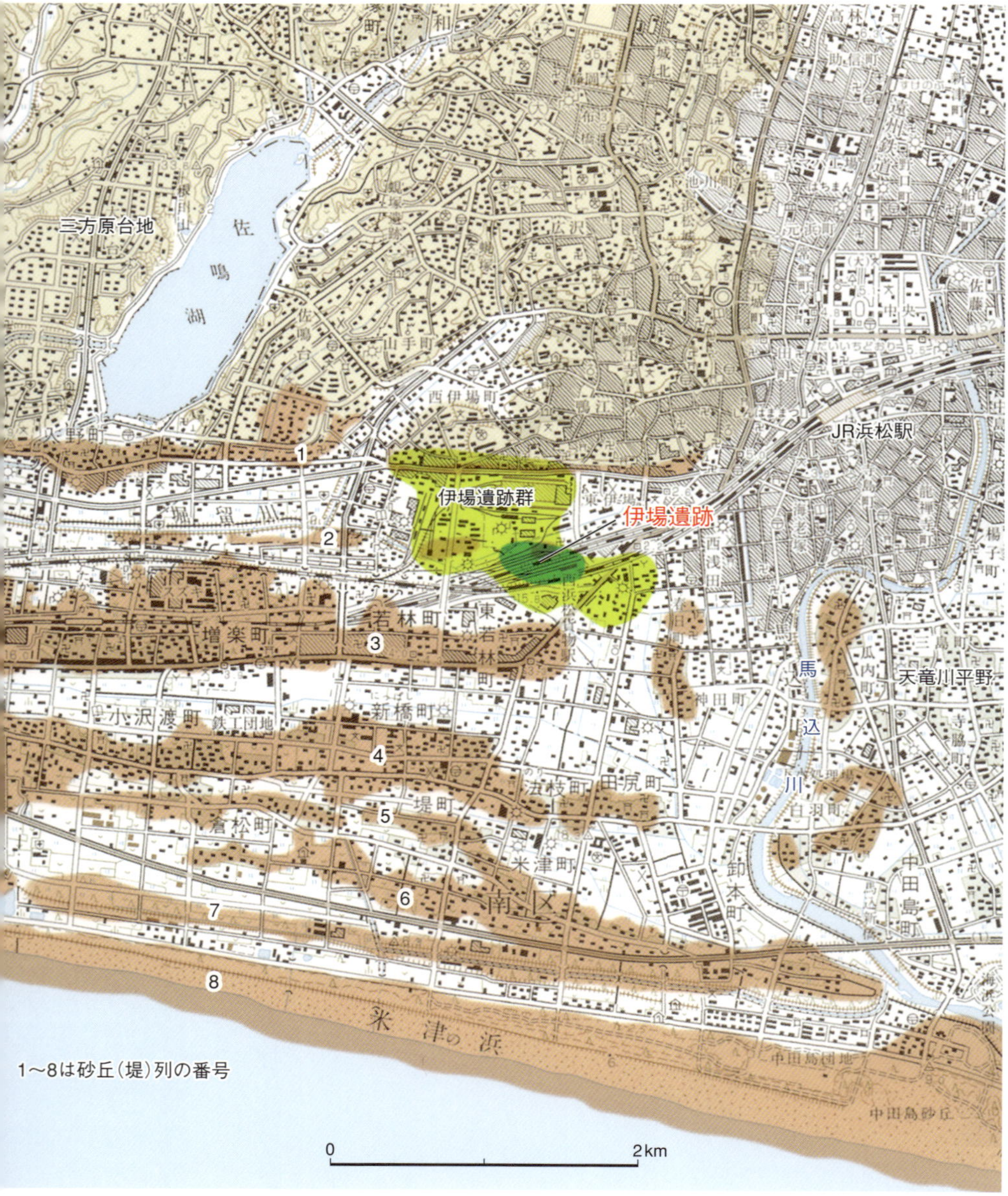
三方原台地
佐鳴湖
JR浜松駅
伊場遺跡群
伊場遺跡
天竜川平野
馬込川
増楽町
若林町
新橋町
小沢渡町
鉄工団地
堤町
米津町
南区
米津の浜
中田島砂丘
1
2
3
4
5
6
7
8
1〜8は砂丘（堤）列の番号
0
2km

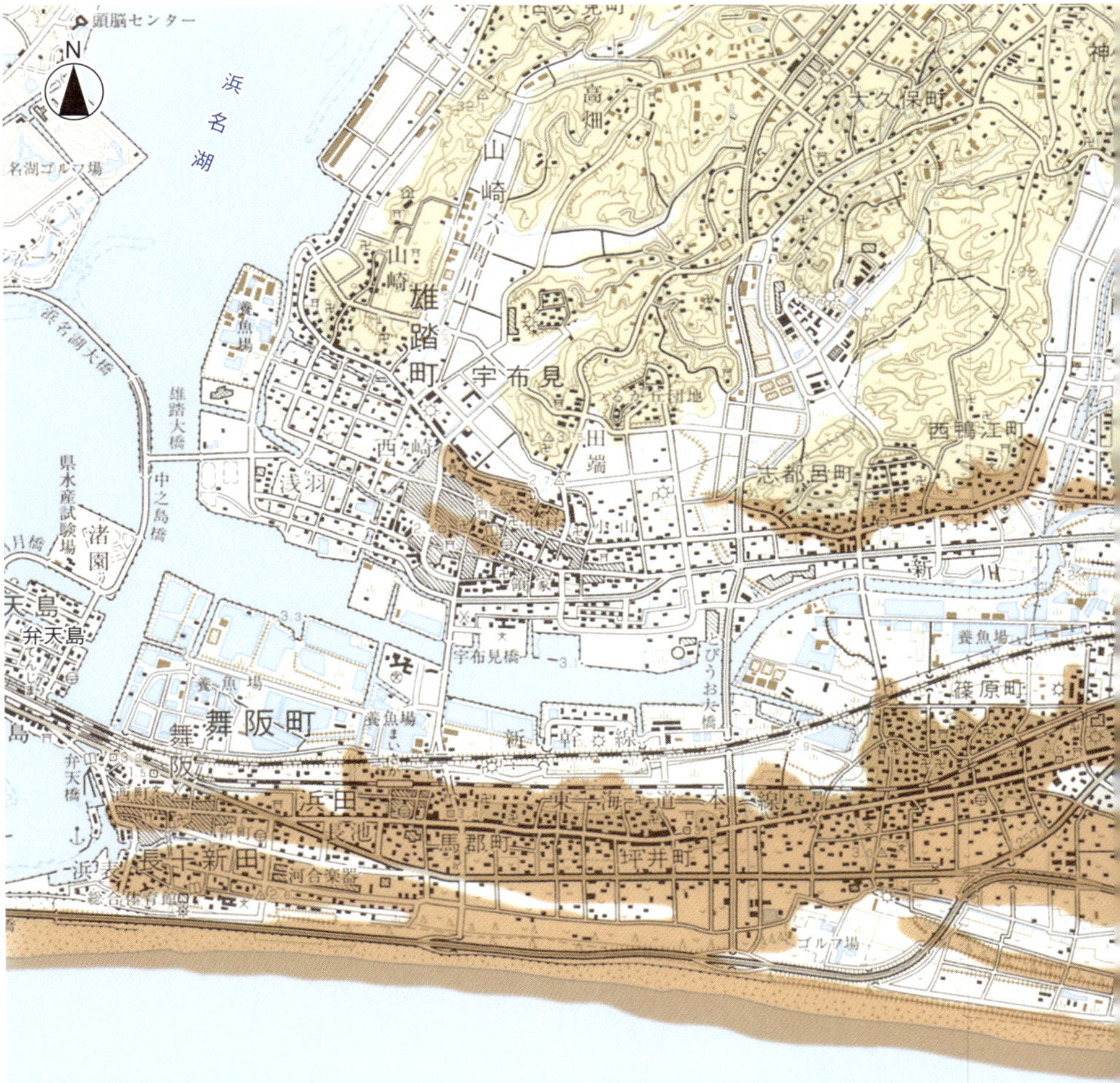


**図５・伊場遺跡周辺の地形**
浜松市南部の海岸平野には砂丘が発達し、砂丘列のあいだに湿地が形成されている。伊場遺跡は北から２番目の砂丘とその周辺に立地する。

る瓜郷《うりごう》遺跡での弥生時代集落跡の発掘調査に触発されて、遠江でも弥生文化への関心が高まっていたからである。

調査の成果は一九五三年の調査報告書『伊場遺跡』にまとめられ、登呂遺跡に匹敵する弥生集落として一九五四年に静岡県指定史跡となった。こうして伊場遺跡は弥生時代後期に栄えた遠江を代表する集落遺跡として全国的に知られるが、高度経済成長期になると開発の波にのみこまれることになる。

## 開発と保存のはざまで

一九六〇年から七〇年代初頭にかけて日本は、東京オリンピックや大阪万博の開催、東海道新幹線や東名高速道路など高速交通網の整備が一挙に押し進められ、高度経済成長期を迎えていた。浜松市でも都市化が急速に進み、中心市街地を東西に貫く東海道本線をはさんで、南北間の開発格差が大きな問題となった。その解決策として、浜松駅を高架化し、南北の交通の便をよくするとともに駅前開発を進めるため、隣接する貨物駅の移転が計画され、静岡県指定史跡の伊場遺跡周辺が新たな貨物駅の候補地となったのである。

こうした開発の動きのなか、一九六八年に、浜松市の依頼をうけた地域の考古学研究団体の遠江考古学研究会が、「伊場遺跡保存に関しての基礎資料作成」のために発掘調査をおこなっ

**図6 ● 発掘調査がはじまったころの風景**（1971年）
発掘調査前の1960年代には、一帯は水田と芦原であった。
写真右側に伊場遺跡の指定標柱と石碑がみえる。

た（第二次調査）。その結果、遺跡は県の指定地だけではなく、西方では当時行政区が異なった浜名郡可美《かみ》村（現・浜松市南区）にまで広がることが明らかとなり、時代的にも弥生時代から鎌倉時代までにわたる複合遺跡であることがわかってきた。

このころから、開発の推進かそれとも遺跡の保存かが大きな社会問題となってきた。

翌六九年には、遺跡の性格を明確にするための第三次調査が計画されたが、発掘調査は静岡県指定史跡の解除を進めることになるとして、遠江考古学研究会の協力がえられず、國學院大學の学生による抗議の座り込みもあり、調査日程が半年近く延期されるなど緊迫した状況のなかで、浜松市単独での調査がはじまったのである。

## 伊場裁判とその後

そして、冒頭で紹介したように、この調査で木簡や墨書《ぼくしょ》土器など古代史上画期的な新発見が相次ぎ、伊場遺跡はいっそう注目を浴びることとなった。

続く第四次調査で遺跡の全体像がほぼ判明し、その歴史的価値はいよいよ揺るぎないものとなる。しかし、指定解除が現実化するなかで一九七二年に第五次調査がおこなわれ、一九七三年に静岡県は伊場遺跡の県史跡指定を解除したのである。

**図7 ● 指定標柱と石碑**
伊場遺跡は1954年に静岡県指定史跡となる。標柱と石碑は1973年の指定解除を受けて撤去された。

それにたいして研究者および市民団体は、翌七四年七月に静岡県の指定解除処分の取り消しを求める訴訟を静岡地裁に提起した。文化財保護法および静岡県の文化財保護条例は、いったん指定した史跡を解除できるのは、その史跡が価値を失った場合とその他特殊な事情があるときとしているが、特殊な場合とは災害防止など国民の生命にかかわるようなケースで、開発事業の用に供するというのは解除の理由にあたらない、というのが原告側の主張であった。

しかし、静岡地裁は一九七九年三月に、原告らに具体的に侵害された利益はなく、訴える資格がないという判決を下し、その後の東京高裁（一九八三年五月）も、最高裁（一九八九年六月）も地裁判決を支持して終わりを迎えた。

こうして伊場裁判は「門前払い判決」で終わったが、貨物駅と電車留置場建設に先立つ調査としておこなわれた第六・七次調査では、遺構は線路下に埋め戻して保存することが約束されたため、調査は古代面までにとどめられた。また、保存地区が設定されて、遺跡公園もつくられることになり、あわせて出土品や調査成果を公開する伊場遺跡資料館も建設されることになった。

以上、伊場遺跡での本格的な発掘調査と公園整備に関係した発掘調査は、一九六八年から一九八一年までに一二回おこなわれ（第二〜一三次調査）、調査面積は当時としては桁違いに広い三万六〇〇〇平方メートルにおよび、調査費も総額で三億円が投じられた。その結果、伊場遺跡は、おもに弥生時代から平安時代にかけての複合遺跡、なかでも古代の地方社会の実態を知ることができる貴重な遺跡であることが判明したのである。

# 第２章　伊場遺跡群の発掘

### 群としてとらえる

伊場遺跡の周辺には、西側に城山《しろやま》遺跡、北側に梶子《かじこ》遺跡、梶子北《かじこきた》遺跡、三永《さんえい》遺跡、中村遺跡、東側に九反田《くたんだ》遺跡、鳥居松《とりいまつ》遺跡の八遺跡が存在し、おおよそ直径二キロ圏内に木簡や墨書土器など郡家に関係する遺物や建物遺構が発見されている。

伊場遺跡の性格を正しく評価するためには、伊場遺跡単独ではなく、周辺に広く分布する関係の深い複数の遺跡を、ひとつの群としてとらえることが重要になってくる。これらの遺跡を総称して、伊場遺跡群とよんでいる（**図8**）。

伊場遺跡の西側に隣接する城山遺跡も第二砂丘に立地している。かつての砂丘の高さは数メートルにおよんでいた。その高まりを利用して戦国期には城館が営まれた。本格的な発掘調査は、一九七七〜八〇年に宅地造成や建物建設に先立ち実施された第二〜四次調査で、砂丘南側の湿地帯から、多くの木簡や墨書土器がみつかった。

梶子遺跡は、伊場遺跡公園とのあいだにある堀留運河の北側一帯にあり、JR東海浜松工場の建物の建替えなどにより、一九七六年以降二〇次を超える調査がおこなわれている。

梶子北遺跡は、梶子遺跡の北側、遺跡群の北西部にあり、宅地造成に先立ち、一九九四から二年間、一万三二〇〇平方メートルが調査された。

三永遺跡と中村遺跡は、第一砂丘に立地し、遺跡群の北端にあたる。ともに発掘調査は、県道の拡幅工事に先立ち、一九九九年から四年間おこなわれた。調査区は幅が狭いも

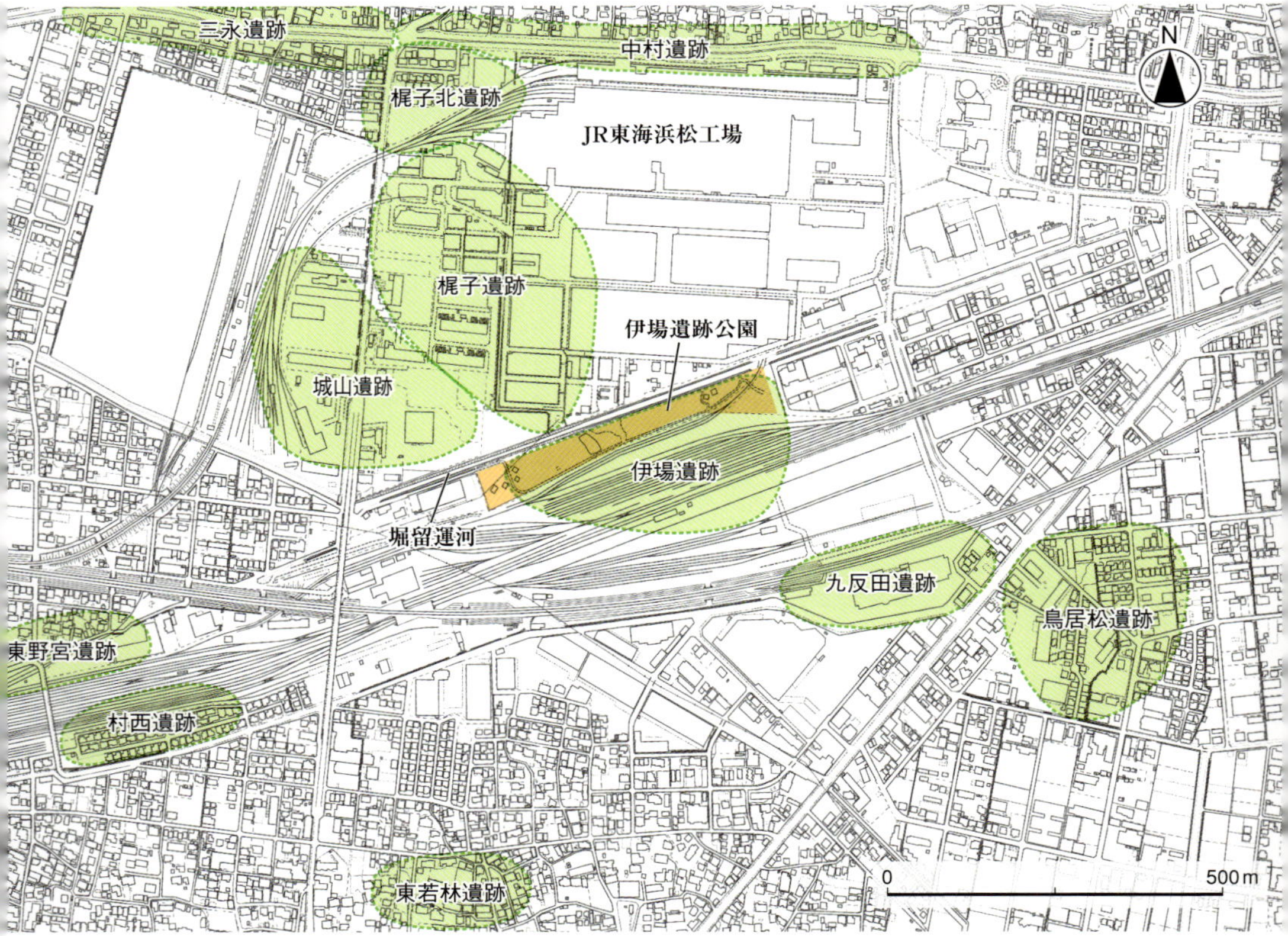


**図8 ● 伊場遺跡群**
伊場遺跡群は、伊場・城山・梶子・梶子北・三永・中村・九反田・鳥居松の8遺跡をさす。関連する遺跡はさらに南西に広がる。

の の、その長さは両遺跡を合わせせると、東西一二〇〇メートルにおよぶ。

九反田遺跡は、伊場遺跡の東南東にあり、第二砂丘の延長線上に立地するが、砂丘の高まりは認められない。一九九六年に店舗建築に先立ち、発掘調査された。

鳥居松遺跡は、さらに東に存在する遺跡であり、本格的な発掘調査は第五次調査で、二〇〇八年におこなわれた。

伊場・城山遺跡の南約八〇〇メートルに存在する第三砂丘がもっとも規模が大きく、近世には東海道が通り、現在でも旧国道一号線（現・二五七号）、ＪＲ東海道本線、同新幹線が東西を貫いている。古代の東海道もこの第三砂丘上を通っていたと推定されている。

かつては天竜川の本流でもあった馬込川《まごめがわ》の河口部から、入江がこの第三砂丘あたりまでおよんでいたと地形図からも推定できる。入江は古代の水運を担い、陸上交通の要である古代東海道も近くを通っていたと考えられるなど、伊場遺跡を中心とした古代敷智郡家にかかわる遺跡は、まさに当時の交通の要所にあった。

## 苦戦した発掘調査

伊場遺跡は、弥生時代から平安時代までの集落遺跡であるが、集落の周辺は湿地であり、古代の歴史を語ってくれる木簡の遺存に適した環境であったことはすでにふれた。反面、遺跡の大半が近年まで水田や湿地となっていたこともあり、調査では湧水や滞水に悩まされた。発掘調査は、排水設備が整っていない一九七〇年代のことであり、苦労の連続であった。

過去に人為的に掘られた穴は、台地上では黒い有機質の土で埋まっている場合が多く、そのまわりの土とは色が異なり、遺構の確認は容易である。ところが低湿地では、遺構を埋めている土は基盤の粘土層と大差ない色で、遺構の輪郭をつかむのは非常に難しく、細心の注意と時間を要した。

そのため当時の調査員たちは、他の地方で調査に長く携わる知人に発掘方法を聞くなどして、表土を人手で除去した後、数カ月間、地表面を風化・酸化させることで、少しでも遺構の識別が容易になるのか試したこともあったという。また、粘土層を少しでも平らに削ることができるようにと、鋼入りの鋤簾《じょれん》を採用するなどさまざまな工夫をしたという。遺構検出ひとつをとってもたいへんだったのである。

近年の調査では、粘土質の強い地層にたいしては、刃を鋭くとぎだした剣型スコップで、地表面を水平に薄く剝いで遺構を検出している。この方

**図9 ● 伊場大溝の調査**（1971年の第4次調査）
当時は排水設備が十分ではなかったため、発掘調査は苦労の連続であった。昭和40年代後半の懐かしい写真。

法も、試行錯誤の結果であるが、浜松市以外ではあまりみられないものだ。

とくに埋没河川である伊場大溝の発掘調査では、川底の標高がマイナスになるので湧水が激しく、排水にはたいへんな苦労をしたという。伊場大溝は、一九四九・五〇年の國學院大學の発掘調査で伊場遺跡と西方の城山遺跡とのあいだに埋没した谷地形が確認され、一九六八年にはじまった本格的な発掘調査により、小川の跡であることが判明した。人工掘削による運河の可能性が考えられたため、「伊場大溝」とよばれるようになった。

当時、最新鋭の動力バーチカルポンプを一台導入したが、雨量が多いとすぐに水没してしまい、調査ができなくなってしまうことも再々あった。そんなときは腰までつかって排水作業をおこない、流されてしまった排土用一輪車（ネコともよぶ）の通路に敷いた踏板などの板材をあちこち探しまわってやっと回収したと、よく先輩調査員から聞

**図10 ● 水を湛えた伊場大溝**
雨が少しでも多く降ったり、水中ポンプの電源が切れると、かつての小川に戻ってしまった。

かされた。

　また、大溝内から出土する遺物は多く、しかも残りがよいことから期待も大きいが、幅二〇メートル、深さ約二メートルもあるかつての川の跡を掘るのだから、その土量は半端ではない。適した鍬やスコップがないかと金物屋を何軒もまわり、効率よく、しかも遺物を傷つけることが少なくてすむ、平刃のフォーク状スコップ（ピート掘り用）をやっとみつけ、採用することにしたという。当時は、その場所に適した道具の探索も必要であったのである。

## 伊場大溝は埋没河川

　さて、この伊場大溝は、西は城山遺跡から東は鳥居松遺跡までのあいだ、約一五〇〇メートルが確認された。先にふれたように幅が約二〇メートルで、川岸の標高が〇・五〜〇・六メートル、川底でマイナス約一・八メートル、深さは二メートルを超える。

　城山遺跡から鳥居松遺跡までまっすぐ流れていたわけではなく、伊場遺跡の南側と鳥居松遺跡の東側で大きく蛇行している（**図13**）。蛇行は、第二砂丘の高まりや微高地を避けたり、そ

**図11 ● 伊場大溝発掘のために工夫した道具**
左から、刃に鋼が入った鋤簾（じょれん）、剣型スコップの刃を丸くしたスコップ、平刃のフォーク状スコップ。

の縁辺に沿って流れたりしたためである。また、川幅は約二〇メートルと説明したが、同じところをずっと流れていたわけではなく、その幅のなかで流路を変えながら蛇行していた。

七世紀までは砂の流れが多く、流水量も豊富であったと考えられるが、八世紀以降は有機質の粘土層の堆積が進んでいることから、ふだんはほとんど流れのない滞水した状態であったと推定される。鎌倉時代にはさらに浅くなり、未分解の植物遺体層が堆積していることから、帯状の湿地としてなんとか川の形状をとどめていたと考えられる。

伊場大溝の調査にあたっては、平面上の輪郭を検出すると、まず横断する試掘溝を掘り、堆積土の層位を確認した。そのうえで層位ごとに掘り下げたが、貝塚、護岸施設、階段などの遺構がみつかれば詳細に調べ記録した後に、さらに掘り下げて調査を進めた。なお、七世紀から一〇世紀の小貝塚が伊場遺跡だけでも二九地点でみつかった。

**図12 ● 完掘した伊場大溝**（1971年の第４次調査）
伊場大溝は、かつて川であったことがよくわかる。幅は20ｍ、深さは2ｍで、写真に写る杭は階段や護岸施設。

伊場大溝を埋めている土は、上からⅢ〜Ⅷ層（Ⅵ層は欠番）の五つの基本層に分けられ、これは伊場大溝のどの地点でもほぼ共通する（**図14**）。

Ⅲ層はこげ茶色の植物遺体層（泥炭層）、Ⅳ層は灰褐色有機質粘土層、Ⅴ層は暗灰褐色有機質粘土層、Ⅶ層は灰色砂層（川砂層）、Ⅷ層は灰青色細砂層である。

Ⅲ層は基本的に無遺物層であるが、まれに山茶碗《やまぢゃわん》が出土することから、鎌倉時代の堆積層と考えられる。Ⅳ層は出土遺物から平安時代、Ⅴ層は奈良時代、Ⅶ層は飛鳥時代・古墳時代後期、Ⅷは古墳時代中期と推定される。

遺物はすべて出土位置を計測し、出土状況を記録してからとり上げた。Ⅴ層での出土が顕著で、多くの小貝塚も

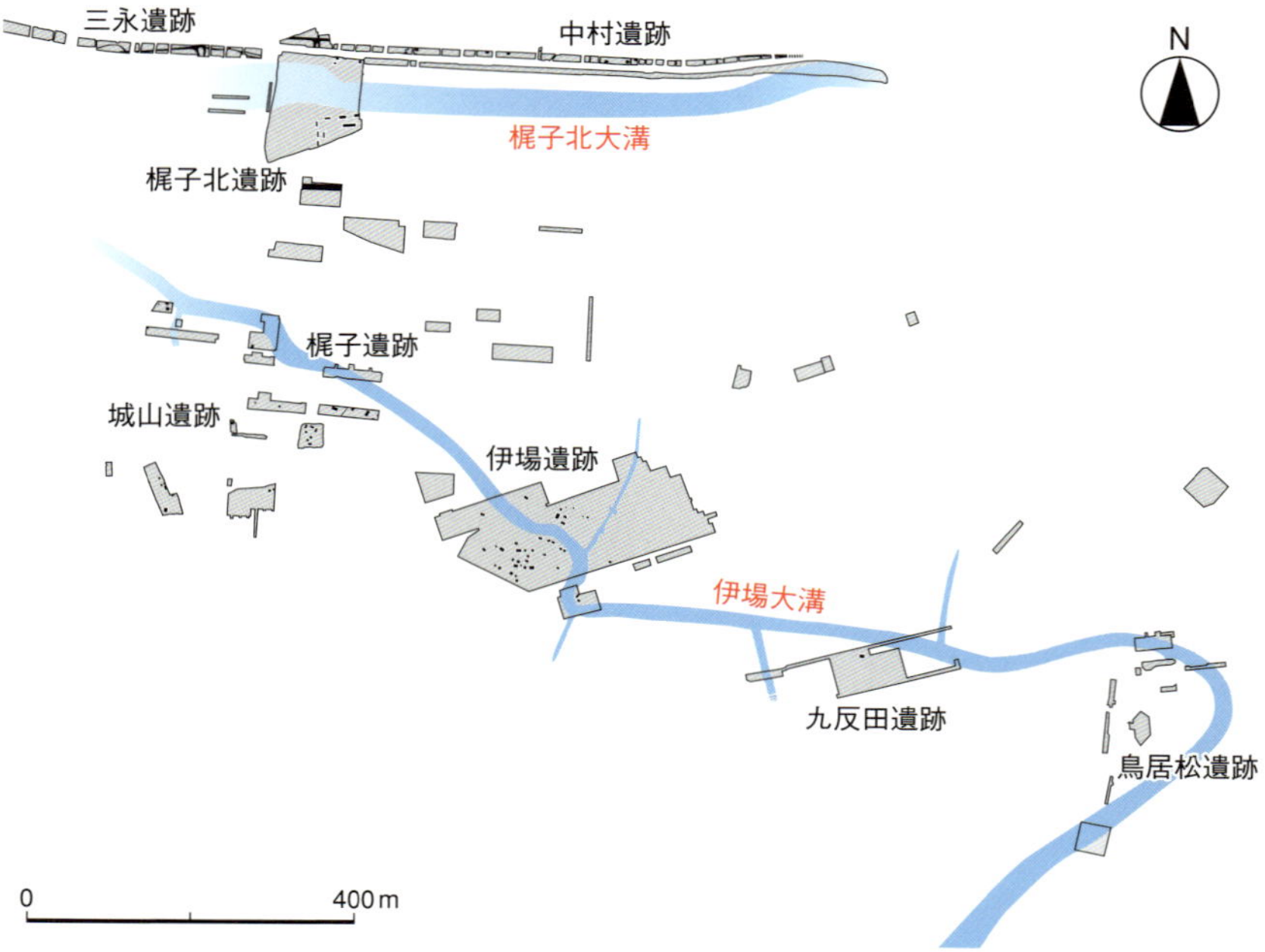


**図13 ● 伊場大溝の推定流路**
伊場大溝は、伊場・梶子・九反田・鳥居松の4遺跡で調査された。上流部では梶子北大溝が合流し、下流部では鳥居松遺跡の南で入江に至っていたらしい。

この層位でみつかった。

木簡や墨書土器は、主にⅣ・Ⅴ層と、一部はⅦ層との境界から出土した。木製品は木簡ばかりでなく、農工具、漁撈具、機織具、運搬具、厨房具、容器類、武器、馬具、祭祀具などが豊富にみつかり、古代の生産、食事、宗教など郡家周辺でのさまざまな生活の様子や文化を伝えてくれる。また、金属製品も粘土で密閉されるために、酸化や劣化が抑えられ、比較的よく残存している。刀子《とうす》、鎌《かま》の刃、鍬《くわ》の刃先《はさき》、斧頭《ふとう》、鉄鏃《てつぞく》などの製品がみつかっている。

こうして伊場大溝から出土した木簡や墨書土器といった文字資料により、律令制にもとづく地方行政のあり方など、地域の古代史にとって貴重な情報が提供された。また、豊富に出土する各種遺物から、この地に住んだ人びとや役人の生活、文化、宗教などについて知ることができた。

伊場遺跡の大溝は、まさに古代のタイムカプセル、遠江にとっては正倉院ともいえる存在なのである。

## 弥生集落としての伊場遺跡

伊場遺跡が、弥生遺跡としてまず知られるようになったことは先

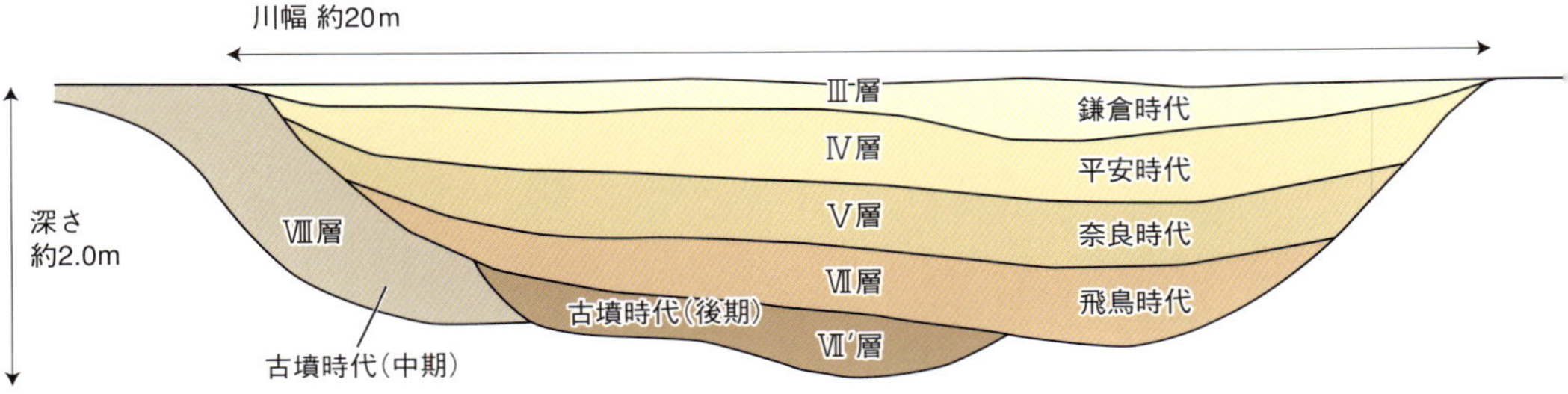


図14 ● 伊場大溝の土層断面
伊場大溝では、どの地点でもほぼ同様な堆積層が観察される。
川底部には、青灰色のやや粗い砂層（Ⅶ′層）が認められる。

に述べたが、一九七〇年代前半に発掘調査が本格化すると、砂丘の高まりを利用した南北約一二〇メートル、東西九〇メートルの瓢箪形をした弥生時代後期（一～二世紀）の環濠集落であることが判明した。

環濠は三重で、濠全体の幅は一一～一四メートルあり、濠のあいだには土塁も存在したと推定できることから、十分に防御的な機能を有した集落であったとみられる（**図15・16**）。多重環濠としてはもっとも東に位置する事例といえる。

住居は登呂遺跡と同じ平地式住居で、掘立柱倉庫をともなっているが、砂丘上に立地していることもあり、遺構の多くは後世に削平を受けて、残りはあまりよくない。

濠からは、幾何学文様を彫り、赤漆と黒漆を塗った比類のない優れた木製の甲《よろい》が出土した。土器も豊富で、伊場式土器として西遠江の弥生時代後期前半の基準資料となっている。

**図15 ● 伊場遺跡の弥生環濠**
弥生時代後期前半の環濠集落で、三重の濠がめぐり、東海でも有数の中核集落である。後世の削平がなければ、多くの建物が確認されたはずである。

伊場遺跡の北側には東西六〇〇〜七〇〇メートルにおよぶ細長い大規模集落の梶子遺跡が存在することから、伊場遺跡は弥生時代後期の首長集落か、装飾された木製の甲や小銅鐸の出土により、祭祀空間と推定する研究者も多い。弥生時代の伊場遺跡群は、東は鳥居松遺跡や

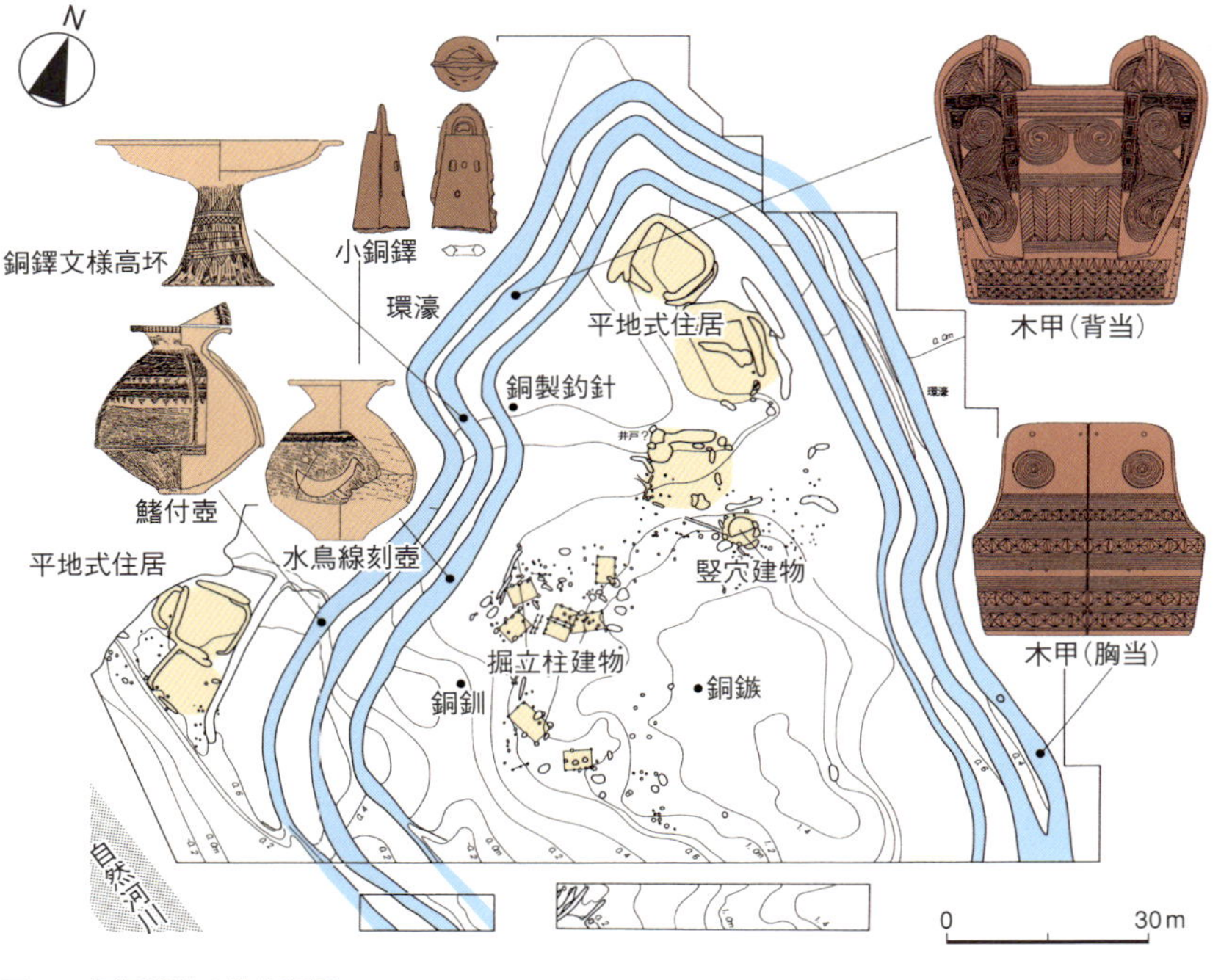


**図16 ● 伊場遺跡の弥生環濠**
濠からは多くの弥生土器とともに、木製の甲（上の写真）、水鳥や銅鐸文様を描いた祭祀用の土器が出土した。

畷《なわて》東《ひがし》遺跡におよぶなど広域に展開しており、東海でも有数の拠点集落と考えられる（図17）。

## 古代伊場の前身集落

弥生時代後期後半（二世紀）になると、天竜川平野や南部の海岸平野では洪水が頻発し、伊場遺跡は厚い灰色粘土でおおわれてしまう。人びとは水田に接した低地では生活することはできず、微高地をさがすか台地上などに移転を余儀なくされたと推定される。水田経営にも大きな影響がでたはずである。弥生時代後期末から古墳時代中期（三～五世紀）にかけての遺跡が、遠江の沖積地ではほとんどみられないのはそのためであろう。

古墳時代中期後半になると、ふたた

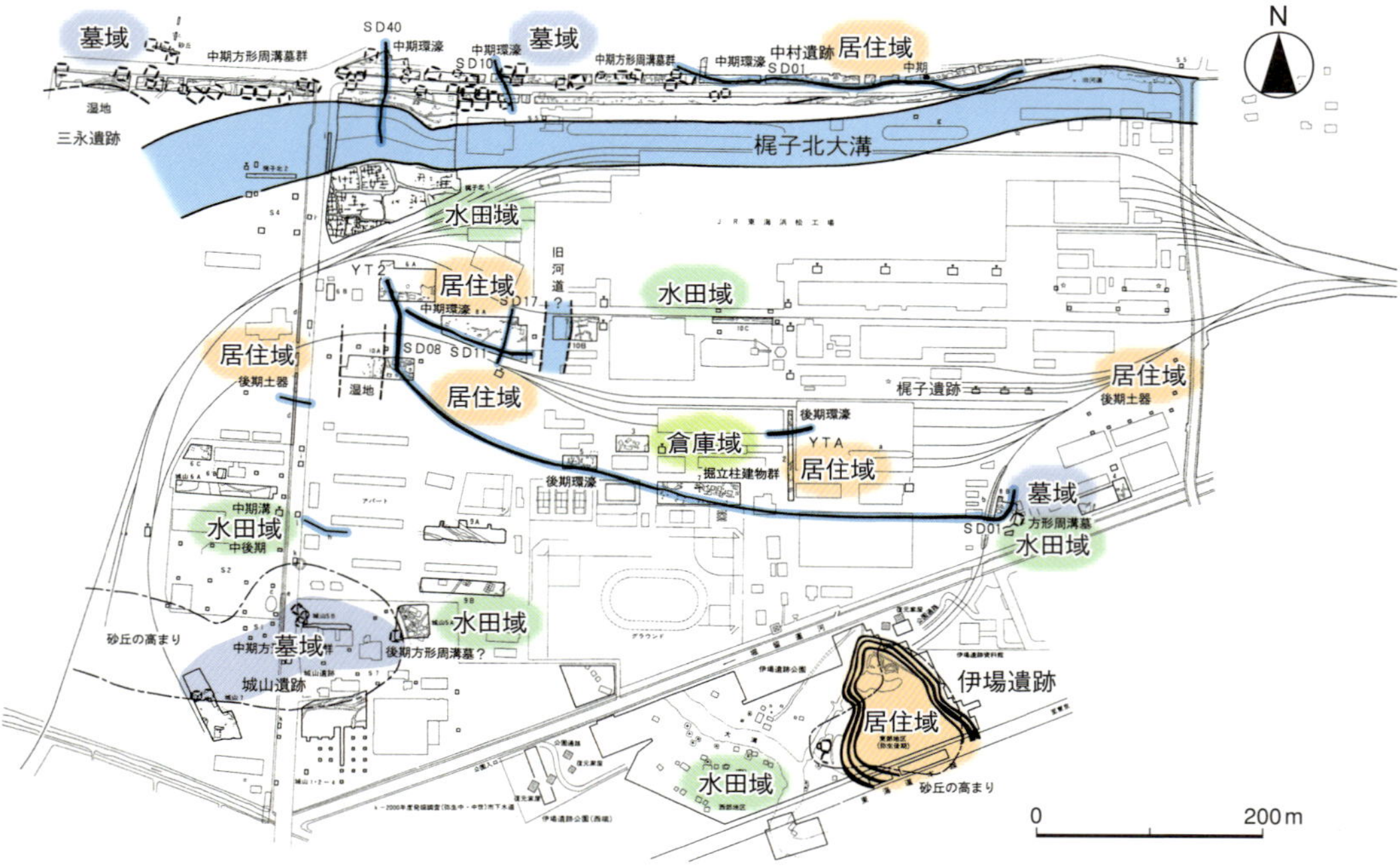


**図17 ● 伊場遺跡群の弥生時代の遺構**
弥生時代中期に集落形成がはじまり、墓域も遺跡群の北側で造営された。伊場遺跡は三重の環濠をもつ後期の集落、北に近接する同時期の梶子遺跡は一条の環濠をもつ東西に長い集落。

び沖積地に人が住みはじめ、集落を営む。この時期に自然河川の伊場大溝が形成され、排水機能を果たすことによって、この地域においても住環境が好転したと考えられる。伊場遺跡では、弥生時代の環濠集落が位置した砂丘の高まりから西方の伊場大溝周辺にかけて、当期の集落が営まれる（図18）。

集落は方形をした竪穴建物三〇～四〇軒と掘立柱建物数棟で構成されている。集落内には掘立柱による方形の柵でかこんだ場所があり、その中央に土師《はじ》器《き》・須恵器《すえき》・手こねなどの土器四七個体をまとめおいた祭祀遺構がみつかり、注目された。

また、集落に小鍛冶場があること、竪穴建物に竈《かまど》をいち早く導入していること（図19）、当時貴重な初期須恵器が多く消費されていることから、古墳時代中期末には有力な集落に成長していたと推定される。

東方に位置する鳥居松遺跡では、伊場大溝下流部の溝底から、柄頭《つかがしら》に竜文《りゅうもん》、柄間《つかあい》に波文《はもん》をあしらった

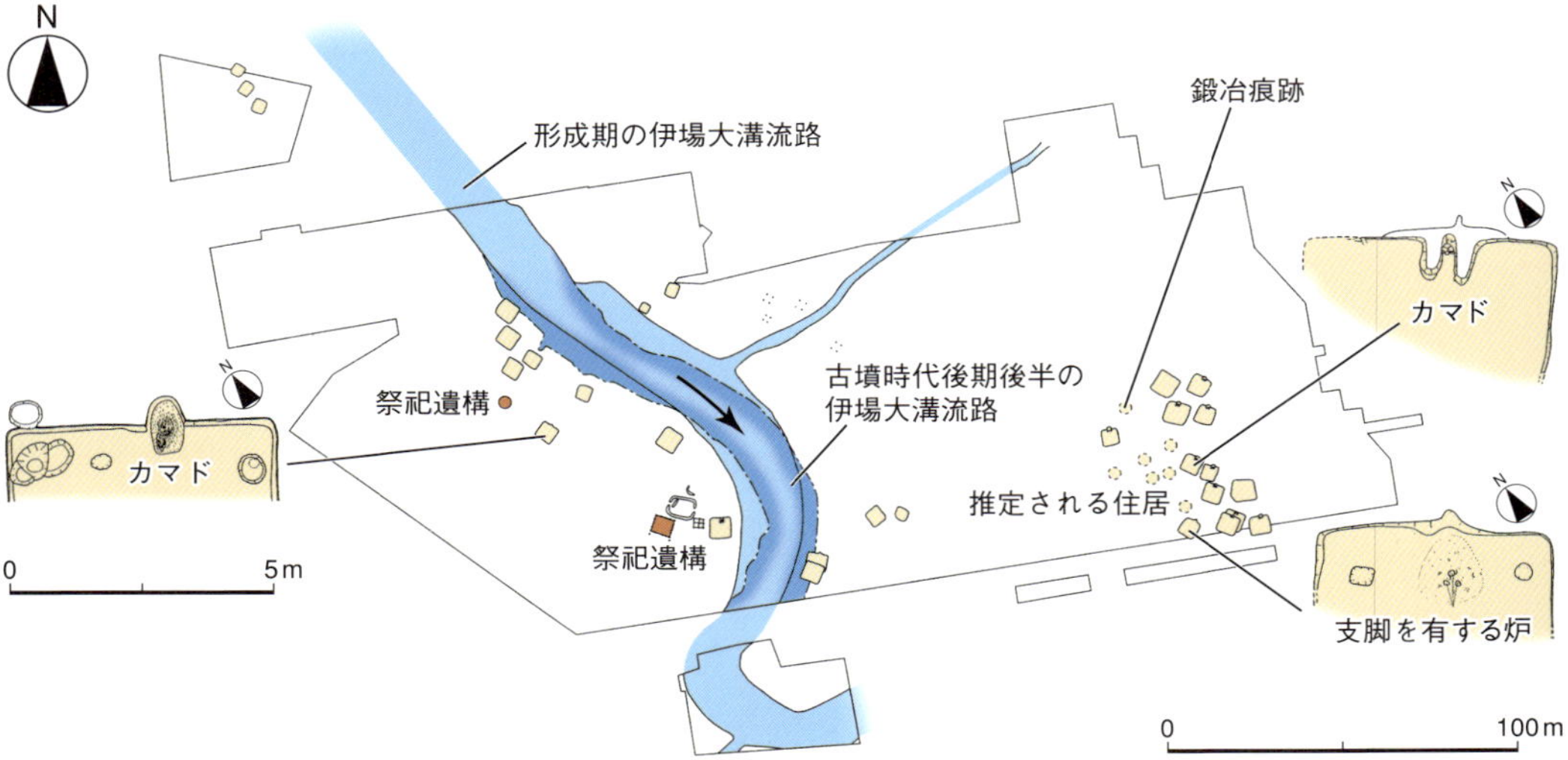


**図18 ● 古墳時代の伊場遺跡**
古墳時代の集落は、中期後葉から後期にかけて、弥生集落が存在した砂丘部と伊場大溝の西側に営まれた。

六世紀後半の金銀装の大刀《たち》が出土した（図20）。出土状態から必ずしも祭祀に用いられたとはいえないが、朝鮮半島からもたらされ、豪族が身に着けていたと考えられる貴重な大刀であり、伊場遺跡周辺のどこかに、この地域を支配した豪族の居館があったと推定できる。

### 伊場遺跡の小貝塚群

伊場大溝のなかには貝塚があり、伊場遺跡だけではなく、梶子、九反田、鳥居松遺跡でもみつかっている。私は学生のころ、伊場大溝に貝塚があると聞いて、それでは縄文時代からの遺跡か？と思ったことを記憶

**図19 ● 竈のある竪穴建物**
四本柱の四角形をした建物で、北側に竈があり、周辺には土器が散在していた。砂丘上にある伊場遺跡での竪穴建物の残り具合はよくない。

**図20 ● 鳥居松遺跡出土の金銀装大刀**
朝鮮半島でつくられた大刀。補修痕があり、大切にされてきたことがわかる。柄頭には金が残るが、柄間の銀は分解している。第5次調査で出土（長さ76.5㎝）。

している。幸い、だれにも話さなかったので、恥をかくことはなかった。浜松市には貝塚遺跡として、国指定史跡となっている縄文時代後・晩期の蜆塚《しじみづか》遺跡がある。東海地方は、渥美・知多半島を中心に、貝塚が多い地域として全国的にも有名である。弥生時代の貝塚も少数存在するが、律令期の本格的な貝塚は知られていない。小規模でも古代の貝塚はめずらしく、当時学生だった私が知らなくても許してもらえよう。

伊場大溝に形成された貝塚は、長軸が五メートル近くあるものから一メートルに満たないものまでさまざまだが、規模からは小さな地点貝塚といえる。遺跡群全体で四〇カ所以上で確認されている。年代は七世紀中ごろから一〇世紀前半までの三〇〇年近くにわたっており、まさに伊場遺跡群で郡家機能が継続していた期間と重なる。墨書土器や転用硯なども出土することから、郡家にかかわる多くの施設から捨てられたもののようだ。

**図21 ● 伊場大溝の小貝塚**（1975年の第９次調査）
小さな地点貝塚で、伊場大溝の流路内の各所にある。写真の貝塚は、階段状施設をともなった８世紀中ごろの貝塚。白い部分が貝殻で、川底に堆積。

# 第3章　広域に分散する郡家機能

## 伊場遺跡は郡厨か栗原駅家か

前章でみたように、伊場遺跡群は、伊場、城山、梶子、梶子北、中村、三永、九反田、鳥居松など伊場大溝とその支流の梶子北大溝につらなる敷智郡家関連の八遺跡をさす。さらに、その周辺にあって郡家を支えた一般集落と考えられる東野宮《ひがしのみや》、村西《むらにし》、東若林《ひがしわかばやし》の三遺跡を加える場合もある（図8参照）。

伊場遺跡の律令期の遺構は、弥生時代の環濠集落の西側、古墳時代中期に形成された自然の小川である伊場大溝の両岸にある。そこから奈良時代から平安時代にかけての掘立柱建物約五〇棟がみつかった（図22）。とくに西側に建物が多く、柵による区画も存在した。しかし、郡家の中枢をなすような大型の建物や、棟通りをそろえるなど計画的に配された建物群はみつからなかった。また、正倉と考えられる大型の総柱建物からなる本格的な倉庫群も存在しない。

このように伊場遺跡で発見された建物は、郡家としては小規模であるが、大溝から出土した

墨書土器に「布智厨《ふちのくりや》」「布知厨」「栗原駅長」「駅長」「駅長宅」「栗原」などの文字があることを考慮すると、敷智郡家や『和名類聚抄《わみょうるいじゅしょう》』（和名抄）に記載のある栗原駅にともなう厨の雑舎と考えるのが自然である。

また、伊場遺跡からは木簡

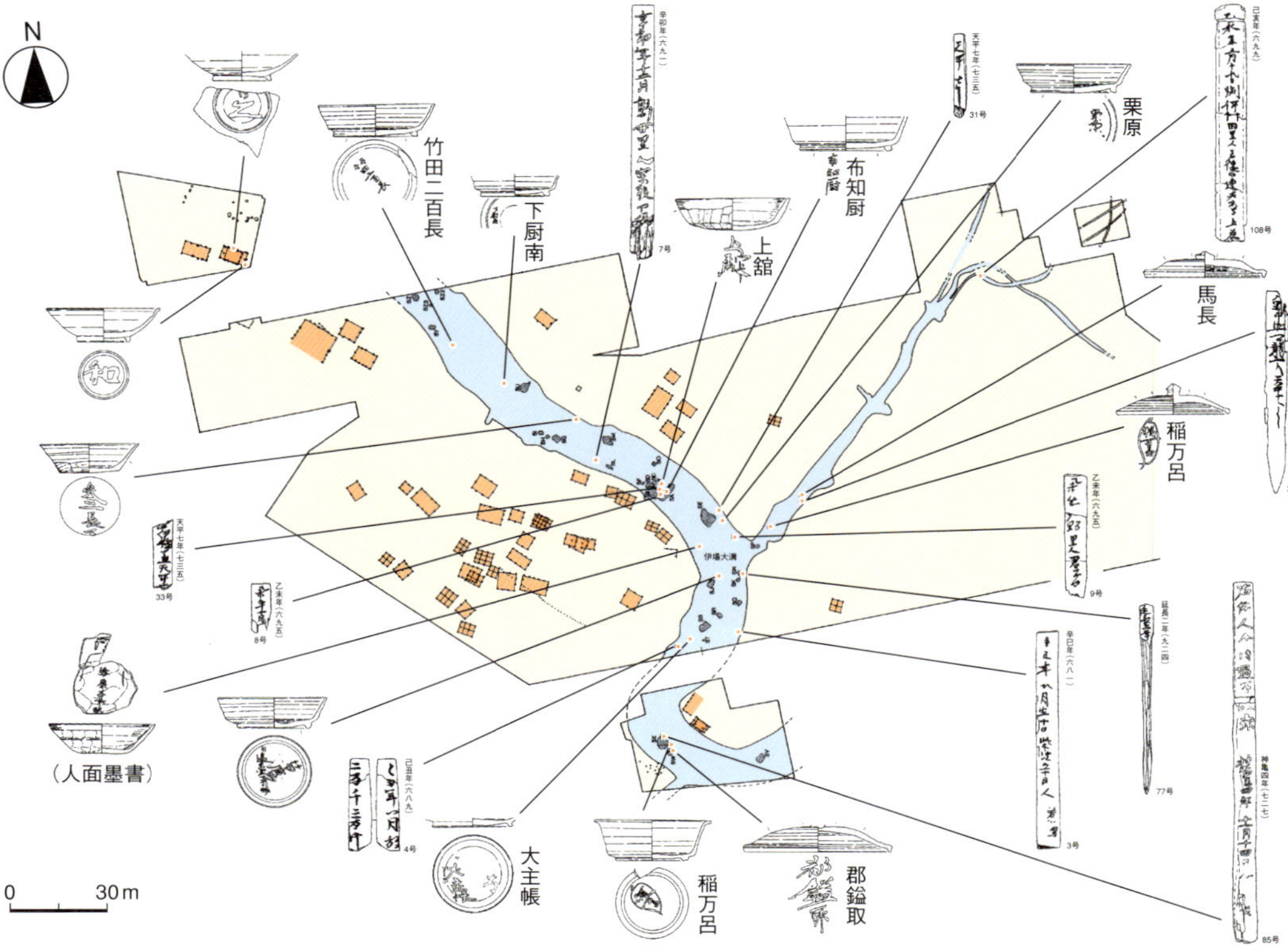


**図22 ● 奈良・平安時代の伊場遺跡の遺構と出土文字資料**
伊場大溝からは木簡や墨書土器などの文字資料が多く出土した。敷智郡家にかかわるものも多く、大溝の両岸にある建物群は郡家に関連した施設と推定される。上の写真は「布知厨」と書かれた須恵器坏身。厨は食事の調達機関で、敷智郡家付属の厨を示す。

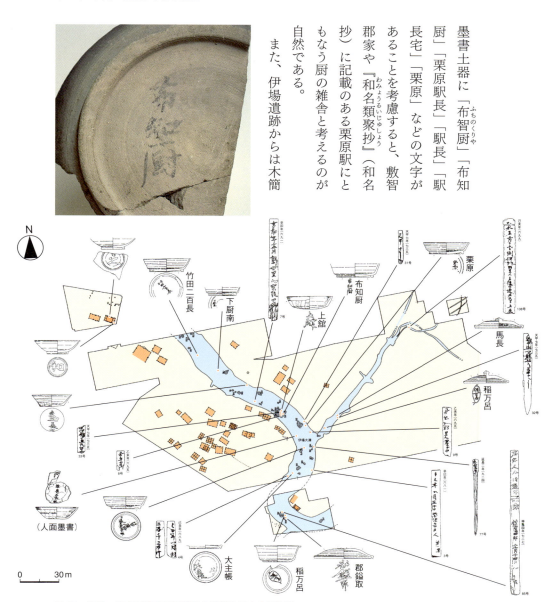

一〇八点、墨書土器四七一点、絵馬七点、銙帯金具《かたいかなぐ》、石帯《せきたい》、円《えん》面硯《めんけん》、転用硯《てんようけん》約一五〇点など郡家の存在を示す遺物（図23）も多く出土していることから、伊場・城山遺跡周辺の遺跡群内には、郡家の中枢にあたる郡庁や正倉がどこかに存在したことは確実といえる。

伊場遺跡で発見された木簡や墨書土器などの文字資料は次章で紹介するが、遠江の古代史を具体的かつ豊かなものにしただけでなく、日本の古代史研究の発展にも大きく寄与してきた。

### 城山遺跡に郡庁か

伊場遺跡の西に隣接する城山遺跡は、戦後まもなくおこなわれた國學院大學による伊場遺跡

**図23 ● 伊場遺跡出土の役人の筆記用具**
上から墨書土器、その下の右が円面硯、左が須恵器坏身の転用硯、破片は風字硯。その下が刀子と木簡。筆は出土していないが、これらの筆記用具で木簡に字を書いた。

の試掘調査の報告書のなかで「城山集落」とよばれた。発掘調査は現在までに七回実施されているが、文字資料がまとまって出土したのは第二～四次調査である。第二砂丘の南側湿地部における埋立造成工事に先立つもので、約二〇〇〇平方メートルが一九八〇年に発掘された。

調査の結果、律令期の、湿地を埋め立てて整地した跡と、そこに建てた掘立柱建物が二棟確認された。出土遺物には、三六点の木簡と多くの墨書土器（遺跡全体では二五〇点以上）、唐三彩陶枕《とうさんさいとうちん》（**図24**）、銅製壺鐙《どうせいつぼあぶみ》、円面硯、転用硯などがある。陶枕は、文字を書くときに腕をおくために使用したと考えられる陶器製の枕である。壺鐙は、乗馬するときに足を踏みかける部分が壺状をした鐙である。

木簡には削り屑になったものがあり、当地で木簡が書き直されていたことがわかる。また、郡家が儀式や行事をおこなうために用いた具注暦《ぐちゅうれき》を記した木簡がある。天皇の名で出される具注暦は、毎年一〇月に陰《おん》陽寮《みょうりょう》でつくられ、国府を経由してもたらされたもので、記された記事から、七二九年（天平元）の暦であることがわかる。

遣唐使が持ち込んだとされる希少な唐三彩陶枕や銅

**図24 ● 復元した城山遺跡出土の唐三彩陶枕**
筆を持つ手を休めるもので、奈良大安寺に類例がある。
城山遺跡では3個体を確認。褐色に変色したのは火災にあったためか。復元品は、当初の色を推定して着色。

製壺鐙の出土から、城山遺跡に郡家の中枢部が存在した可能性がきわめて高い。

評段階（七世紀）から奈良時代（八世紀）までの郡庁は、砂丘の高まりが存在する調査区北側と推定されるが、現在は開発により削平が進んでおり、遺構がどの程度残っているのか危惧される。

このほか城山遺跡では軍団の長官（大毅《だいき》）につぐ「小毅《しょうき》」と記された墨書土器が出土し、伊場遺跡からは「竹田二百長《たけだのにひゃくちょう》」（兵士二〇〇人を統括する者の意）の墨書土器が出土していることから（**図25**）、周辺には軍団が存在したと推定される。

軍団は律令制下の兵制で、兵役で集められた農民により組織され、国司がこれを管理した。一〇〇〇人の兵士からなる軍団を統率するのが軍毅《ぐんき》で、長官が大毅、次官が小毅、その下の校尉《こうい》にあたるのが二百長である。軍団の名を示す資料はみつかっていないが、通常は郡名をつけるので、当地の軍団は敷智団とよばれたのだろう。

大溝から発見された鉄鏃や砥石は兵士の装備品だったのかもしれないし、鞴《ふいご》の羽口《はぐち》や鉄滓《てっさい》な

**図25 ● 「小毅殿」「竹田二百長」墨書土器**
奈良時代の農民には兵役も課せられた。国司が管理する軍団が、敷智郡家周辺にも置かれていたようだ。

どの鍛冶関連遺物から推定される鍛冶工房の存在は、軍団の装備や維持に欠かせない施設であったはずである。

また、城山遺跡では「太」と墨書された平安時代の灰釉陶器《かいゆうとうき》や須恵器、土師器が、八一八〜八三五年に鋳造された銭貨である富寿神宝《ふじゅしんぽう》（図26）と同じ層から出土しており、灰釉陶器の年代観の見直しなど、平安時代土器の編年研究を大きく進展させた。

## 梶子北遺跡は平安時代の郡庁か館か

伊場・城山遺跡の発掘調査では大型の建物や計画的に配置された建物群は確認されなかったが、城山遺跡の北方約五〇〇メートルに位置する梶子北遺跡では、予想していなかった平安時代前期（九世紀から一〇世紀前半）の計画的に配された大型建物群がみつかった（図27）。

建物は八メートルを超える大型の掘立柱建物（図28）で、L字形に並んでいることから、中央に広場をもつロ字形もしくはコ字形に配された建物群の西北部と推定できる。このような建物配置と規模から考えて、郡庁もしくは館の可能性が高い。

建物群のなかからは、「南家」「厨」のほか「九」と記さ

**図26 ● 城山遺跡出土の富寿神宝**
皇朝十二銭のうち5番目に鋳造された銅銭で、初鋳は818年。この銅銭は、伴出した土器群に実年代を与える資料として注目された（直径2.3㎝）。

図27 • 梶子北遺跡の全景
手前が建物群、中央の黒い部分が梶子北大溝（埋没河川）、上の白い部分が第1砂丘面。

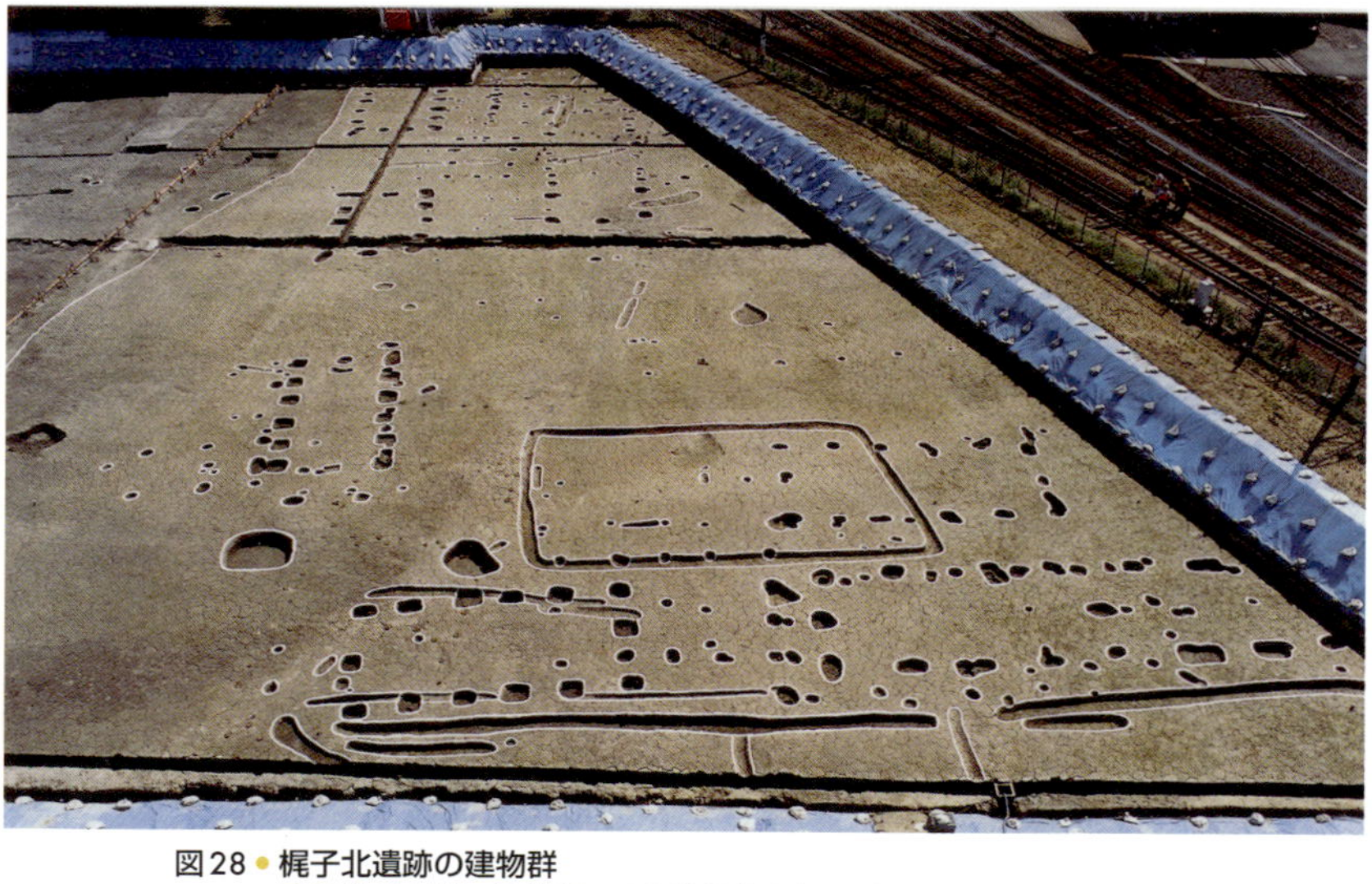

図28 • 梶子北遺跡の建物群
平安時代前期（9世紀～10世紀前半）の大型建物が整然とならび、郡庁または公的な宿泊施設の館と推定される。西側（下）は細い堀で区画している。

れた墨書土器が出土した。「南家」があることから、ほかにも北、東、西など方角をつけてよばれた建物が存在したと考えられる。また、「厨」はそれが付属する性格の建物群であった可能性を示すものと推定される。ただし、多量に出土した「九」の意味が明らかにできていないのは残念である。

建物群の北側を画する梶子北大溝からは、木簡八点、墨書土器多数、絵馬一点、銙帯金具一点が出土した。梶子北大溝は、伊場大溝の支流の一つと考えられる幅五〇メートルにおよぶ自然の小川で、埋没状況は伊場大溝とよく似ている。出土木簡は、建物群に先行する八世紀代のもので、「大領《たいりょう》 石山《いしやま》」とある梶子北1号木簡や、従えた馬の特徴を記すなど、江戸時代の通行手形にあたる過所《かしょ》風の木簡もある。

梶子北大溝の北側の第一砂丘には、二〇〇四年に開催された国際園芸博覧会のアクセス道路の整備にともない調査された中村遺跡があり、その西には三永遺跡がある。中村遺跡の範囲には小字名で「中村」があり、両遺跡は木簡に記された「中寸里《なかむらり》」にあたる可能性が高い。

中村遺跡では、七世紀後半に掘削された幅四メートルの溝が東西七〇〇メートル以上にわたってみつかった。この溝は直線的で、

**図29 ● 伊場遺跡出土の銙帯金具と石帯**
腰帯につける飾りで、左から銅製の丸鞆（まるとも）と巡方（じゅんぽう）、石製の鉈尾（だび）。身分や階層により材質や大きさが決められていた。梶子北遺跡でみつかった巡方も、これと同じ小型のもの。

法面には杭を打った後に粘土を貼るなどの入念な土留工事がなされていた。この溝は、評段階の官衙整備にともなう区画で、その北側の堀ではないかと推定される。

溝からは、和銅八年（七一五）銘を含む里制段階の木簡や墨書土器も出土した。里は五〇戸からなる古代の地方行政単位で、七一五年までは某里で（里制）、これ以降は里が郷に改称されて某郷某里に（郷里制）、さらに七四〇年ごろに里が廃止されて某郷となった（郷制）。

溝の埋没は一〇世紀はじめで、広域におよんだ敷智郡家機能が衰退するのに連動したものと考えられる。

**図30● 鳥居松遺跡の伊場大溝全景**（2008年の第5次調査）
「稲万呂」の墨書土器が12点発見され、話題をよんだ。

## 鳥居松遺跡は郡津、九反田遺跡は郡寺か

伊場大溝の最下流部、伊場遺跡群の東端には鳥居松遺跡がある。西端の城山遺跡とでは、直線にして約一五〇〇メートルの距離がある。第五次調査で、鳥居松遺跡での伊場大溝の本格的な調査がおこなわれた（図30）。

大溝は幅二五メートルと伊場遺跡よりいくぶん広くなり、溝底も標高マイナス二メートルに達するなど〇・二メートルほど深くなっているが、ほとんど流れのない淀んだ川であったと考えられる。大溝内には、井戸、小貝塚、船の係留施設の可能性が考えられる杭列が存在した。

律令期の大溝からは、木製品としては木簡のほかに、木製祭祀遺物も多く出土した。墨書土器は「稲万呂」と書かれた一二点のほか「上殿」などがあり、民間の有力な商人の一族が拠点をおいていた地区と推定できる。

木簡と墨書土器の出土、製塩土器をともなった小

図31 ● 鳥居松遺跡出土の人面墨書土器
深鉢と浅鉢に人物の顔を墨書したもの。鳥居松遺跡の伊場大溝でも、都と同じような祭祀がおこなわれていた。

貝塚の存在、本格的な井桁組の井戸（図32）の存在などから、敷智郡家にかかわる施設は、東においては少なくとも鳥居松遺跡周辺までおよぶことが確実となった。

さて、古代東海道は鳥居松遺跡の北側を東西に通っていたと考えられ、当然大溝を横切ったはずである。また、大溝は南流して天竜川や砂丘の作用で形成された入江や潟湖《せきこ》に流れ込んでいたと推定される。伊場遺跡群でもっとも下流にある当遺跡は港湾基地であると同時に、東海道など陸上交通を利用して運び込まれた物資の集散基地でもあったと想像できる。

鳥居松遺跡の三〇〇メートルほど西に九反田遺跡がある。一九九六年に発掘調査された。試掘調査により伊場大溝の存在が確認され、その北岸で大きな角礫とともに白鳳系の軒丸《のきまる》瓦《がわら》や布目瓦《ぬのめがわら》が多く出土した。

開発事業は大溝を避けて実施されたため、大溝本体の調査はおこなわれなかったが、大溝の南岸で掘立柱建物と人工掘削による幅一〇メートルの堀（運河）が確認された。墨書土器に「郡邊《ぐんべ》」とあるように、敷智郡家の関連施設が及んでいただけでなく、瓦葺礎石建物を有した本格的な寺院の存在が推定されるに至ったのである。

**図32 ● 鳥居松遺跡でみつかった井戸**
奈良時代の本格的な井戸で、井桁組の木枠をもつ。
須恵器の壺3点が井戸底でみつかった。

## 敷智郡を支えた集落群

郡家は古代地方行政の末端を担ったほか、地域経済や文化の拠点でもあった。そのため、敷智郡家周辺には鍛冶、木工、機織に携わる者、市には商いをおこなう者、運送に携わる者がいたことが想像できる。

　このような人びとは、伊場遺跡群のなかかその周辺に居住し、郡家を支えるとともに、利益をえていたのである。伊場遺跡群の西南部、もっとも規模の大きな第三砂丘に立地する村西・東若林・東野宮遺跡では、飛鳥時代から平安時代はじめの集落跡がみつかり、墨書土器とともに転用硯も出土した。

　東若林遺跡は、城山遺跡の南方約五〇〇メートルにあり、二〇〇五年に四一五平方メートルが発掘調査された（**図33**）。この調査により、奈良時代から平安時代前半期の竪穴建物が一〇軒分みつかり、和同開珎（**図34**）、朱墨用の転用硯（須恵器の坏蓋《つきふた》内面を硯に転用したもの）、墨書土器が出土した。和

**図33 ● 東若林遺跡の全景**
第3砂丘にある集落遺跡。基盤層が砂丘砂層で遺構の残りは悪い。
竈も、硬化した粘土を含む砂の塊として、ようやく識別できた。

同開珎は最初に鋳造された皇朝十二銭で、初鋳は七〇八年である。地方では宝物か祭祀に用いられ、所持できた者は有力な人物か郡家にかかわりをもつ人物であったと考えられる。朱墨用の硯の存在も、郡家とのかかわりを示すものである。

敷智郡家周辺にある東若林遺跡のような村には、郡家に出仕する役人も居住し、緊急時における動員など、さまざまな行事や事業において郡家を支えたと考えられる。

以上、伊場遺跡群の各遺跡をみてきた。奈良時代の郡家中枢部の建物群の存在はまだ明確に

**図34 ● 和同開珎**
皇朝十二銭の一つで、初鋳は708年。竪穴建物の床面から出土（直径2.45㎝）。

**図35 ● 東若林遺跡出土の須恵器と土師器**
8世紀後葉のもので、須恵器のほとんどは湖西窯の製品。これらの土器は一般集落から出土するものと変わりない。

なっていないものの、郡庁、正倉、館のほか、駅家が併設され、軍団も近在していたことは、伊場大溝出土の文字資料から考えて確実である。中枢部の遺構の発見に至らないのは、コンパクトに郡家機能が集中するのではなく、一定の範囲内に機能が分散しているためと考えられる（図36）。

伊場遺跡群では、それぞれの機能を担う遺跡が有機的に結びつくことで、郡家機能を果たし、地域の中心性を維持したと考えられるのである。

次章から、郡家機能の具体的内容をみていこう。

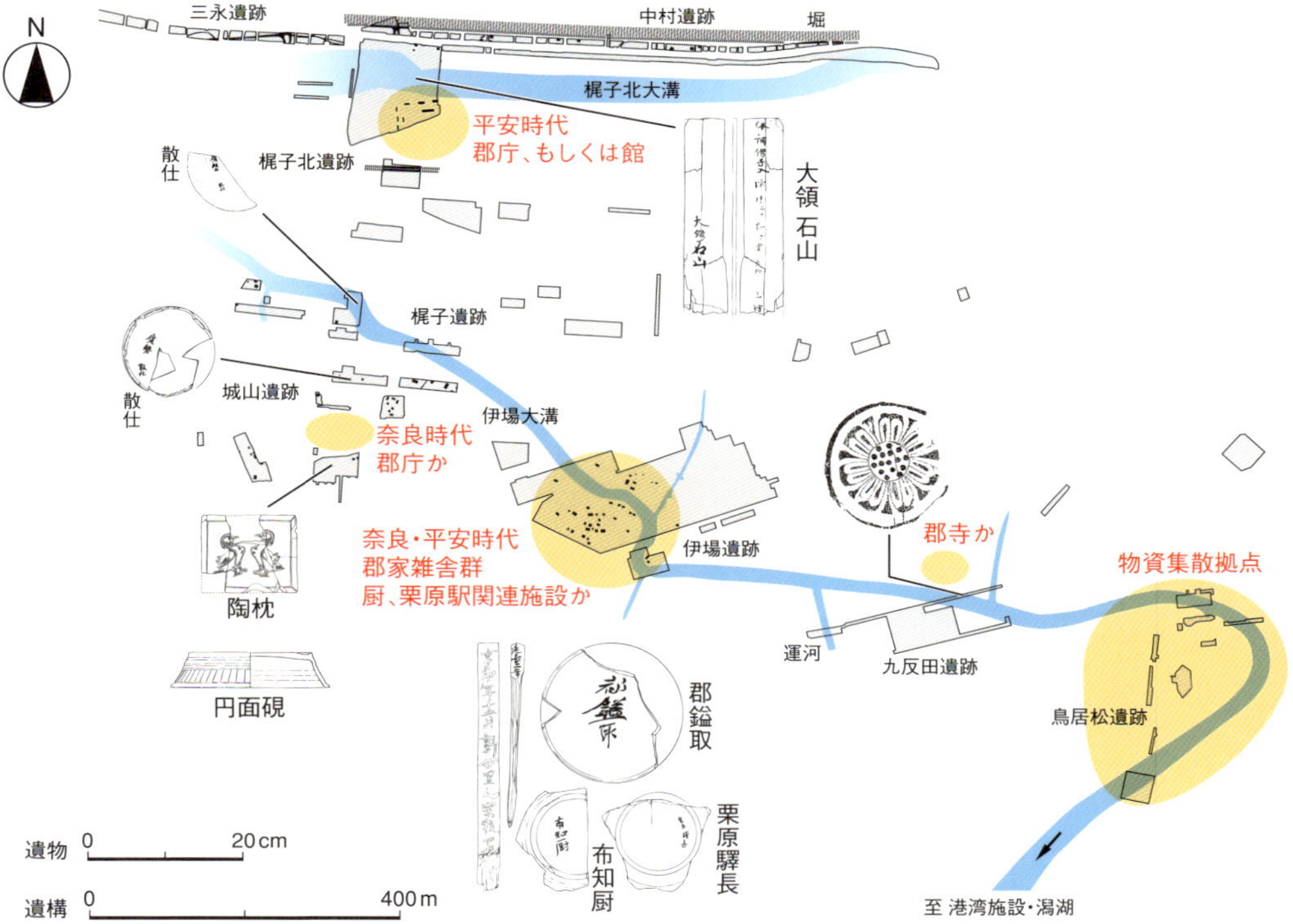


図36 ● 敷智郡の郡家機能の分布
郡家の機能は、特定の場所に集中して存在するのではなく、伊場遺跡群内に広く分散していた。

# 第4章　木簡が語る古代地方行政

## 敷智郡の大領は石山

伊場大溝の周辺にある伊場遺跡群全体で出土した木簡は現在一八四点、墨書土器は一一〇〇点以上になる。伊場大溝から木簡がみつかったときのエピソードは冒頭に記したが、それは日本で最初に木簡がみつかったとされる一九六一年の平城京での発見から一〇年弱しかたっておらず、当時は木簡自体の認知度も低く、また釈読・解釈も十分ではなかった。その後、木簡の出土例が増加するとともに研究が進展し、今日では木簡研究が古代史研究の一分野として確立している。

木簡が出土する遺跡は、古代においては、ほぼ国府や郡家、寺院に限られるなか、地方郡家で一〇〇点を超える木簡がみつかったのは伊場遺跡が最初で、さらに七世紀にさかのぼる木簡がまとまって出土したのもはじめてであった。地方木簡のパイオニア的存在となった伊場木簡は、律令制による地方支配のあり方を解明する歴史資料として注目されてきたのである。本章では、そうした木簡の事例をみていこう。

伊場遺跡群内で北に位置する梶子北遺跡からは、「大領 石山」（梶子北１号）と記した木簡がみつかっている（図37）。郡の役人を郡司とよんでいるが、それは大領《たいりょう》、小領《しょうりょう》、主政《しゅせい》、主帳《しゅちょう》の四等官で構成され、その長官が大領である。

四等官とは、律令官制の幹部職員である統括役の長官《かみ》、補佐役の次官《すけ》、事務官の判官《じょう》、書記の主典《さかん》をさし、用字はそれぞれの役所で異なっていた。伊場遺跡群では、大領の名前が確認されたのは、「石山」が現在唯一の例である。「大領」と「石山」は別筆であることから、大領がみずから署名した可能性が高い。

そのほかにも、郡の役職名を記した文字資料がみつかっている。七世紀段階の評の書記官にあたる「評史《ひょうし》」（伊場108号木簡）、郡の倉庫の管理を担う「郡鎰取《ぐんのかぎとり》」（墨書土器）、雑務を担当する「散仕《さんじ》」（墨書土器）がある（図38）。

判明した役職名はわずかであるが、ほかにも役人の存在を示す資料として、身分階層をあらわす銙帯金具や石帯、役人がも

図38 ● **「郡鎰取」「散仕」と記された墨書土器**
役職名を記した墨書土器が発見されるのは、伊場・城山遺跡周辺。軍団や駅家にかかわる職名もある。

図37 ● **梶子北１号木簡「大領 石山」**
郡家の長官である大領の名が判明したのは、伊場遺跡群ではこれが唯一の例。

つ刀子や硯（須恵器を転用）などもたくさん出土している。銙帯金具はおもに銅製で、革帯の飾りである。石製の飾りは、石帯とよんでいる（**図29参照**）。

伊場遺跡群では郡家の中枢部の建物群はまだ確認されていないが、これらの文字資料や考古遺物は、周辺に古代敷智郡の郡庁をはじめ郡家中枢施設が存在したことを物語る。

**図39 ● 紀年銘のある木簡**
左：伊場31号木簡（天平7年＝735）。右：伊場77号木簡（延長2年＝924、題箋木簡）。

## 年号が記された木簡から郡家の歴史をうかがう

伊場遺跡群で出土した紀年銘のある木簡は、最古のものが梶子遺跡の第九次調査で出土した己卯《つちのとう》年（六七九）、最後が伊場遺跡で出土した延長二年（九二四）である。これらを含め干支表記の木簡が九例、元号表記が一一例で、合計二〇例ある（**図39**）。

紀年銘をもつ木簡は、七世紀後葉から八世紀前葉のものが多い。また、年号の表記はないが、内容や出土層位から八世紀後半から九世紀と推定される木簡もあり、七世紀後葉から一〇世紀前半までの約二五〇年間にわたって敷智郡家が維持されていたことがわかるのである。

なお、飛鳥浄御原令《あすかきよみはらりょう》の施行（六八九年）以前の年紀をもつ木簡が現在三例あるが、伊場7号

（辛卯年《かのとう》＝六九一）の発見当時は、律令制にもとづく地方支配がそれまで考えていた以上にさかのぼることになり、議論をよんだ。

紀年銘木簡でもっとも新しいものが九二四年であることは、全国的に一〇世紀に入ると郡家が衰退する傾向とも合致する。さらに梶子北遺跡の平安時代はじめの郡庁もしくは館舎も、一〇世紀前半に機能を停止することともよく符合している。

紀年銘木簡は、土器編年を検討するにあたり、共伴した土器に実年代を与える根拠となるもので、地方にとっては数少ない貴重な資料である。湖西窯《こさいよう》で生産された飛鳥時代から奈良時代にかけての須恵器の編年にたいし、実年代の根拠となったのは、伊場遺跡群から出土した紀年銘木簡であった。また、九二四年の木簡は、城山遺跡の富寿神宝（初鋳八一八年）とあわせ、従来一〇世紀とされていた灰釉陶器の出現が九世紀前半にさかのぼることを明らかにするなど、灰釉陶器の編年研究にも貢献した。

## 古代地方役所と税

伊場遺跡の出土木簡には、徴税関係のものも多い。

古代のおもな税は租庸調と雑徭《ぞうよう》である。租は口分田《くぶんでん》からの収穫量の三パーセントを稲で納めるもの、庸は都での労役に代えて布などを物納するもの、調は繊維製品や地方の特産品を物納するもの、雑徭は国府での労役である。これ以外に稲の貸付制度から租税化し、郡家で利殖運用を図った出挙関係の木簡も多く出土した。

伊場41号木簡（図40）は「□廣万呂田租二石一斗」とあるように、田租の納入者と数量を記した木簡である。年号＋地名＋人名＋稲の数量を記す型式の多くは、田租や出挙にかかわる荷札木簡と考えられている。

伊場95号木簡（図41）は「庸分《ようぶん》」とし、複数の人名とともに「一斤」と記されたもので、布や綿、糸を重量換算して納入したことがうかがえる。また、この木簡には「丁分《ちょうぶん》」として人名を列記する部分もあり、実際に庸とする労役に服した正《せい》

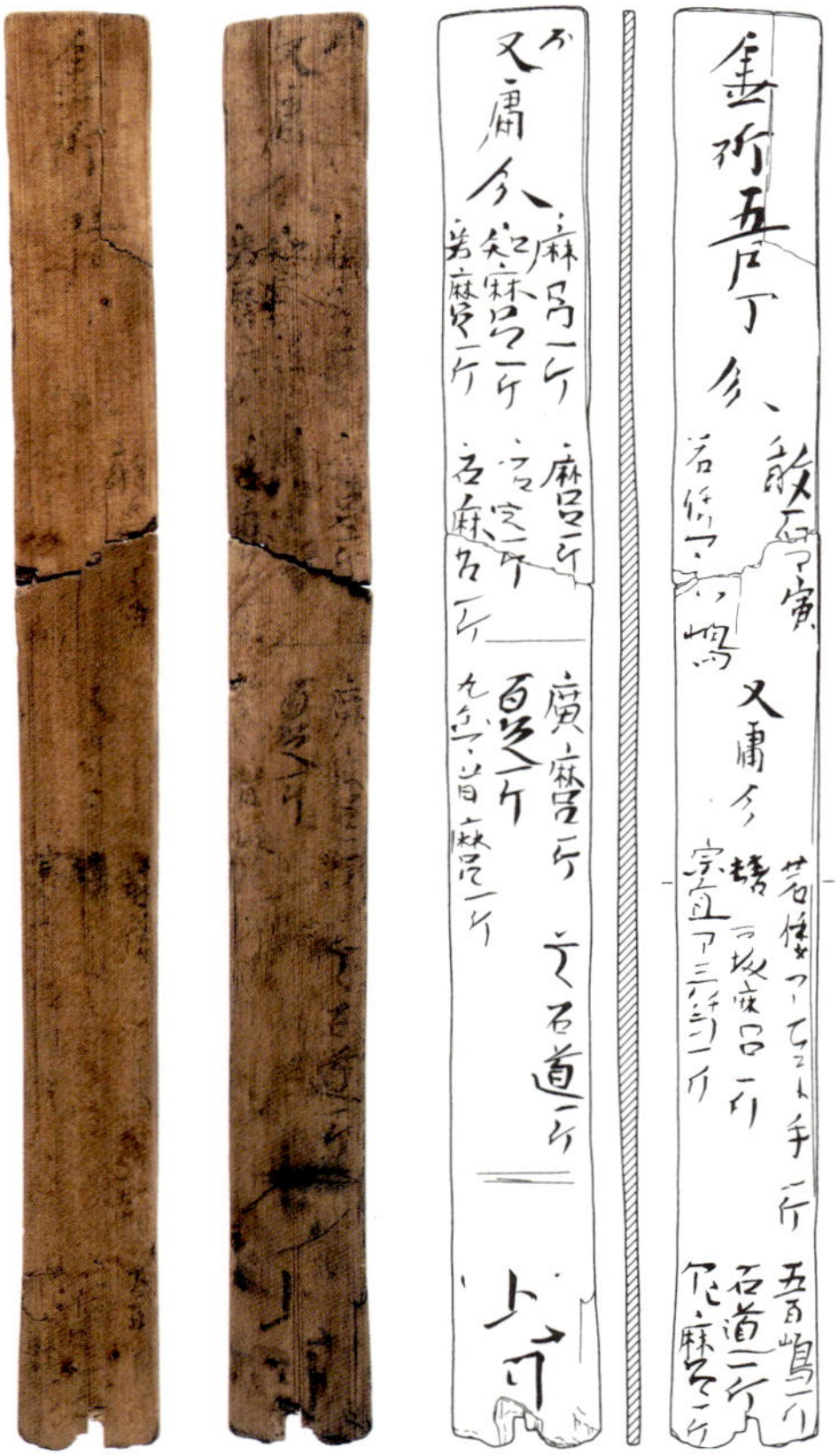

**図41 ● 伊場95号木簡と実測図**
庸は本来労役であるが、正丁は1年に10日間の労役にかえて、布2丈6尺を納めることになっていた。

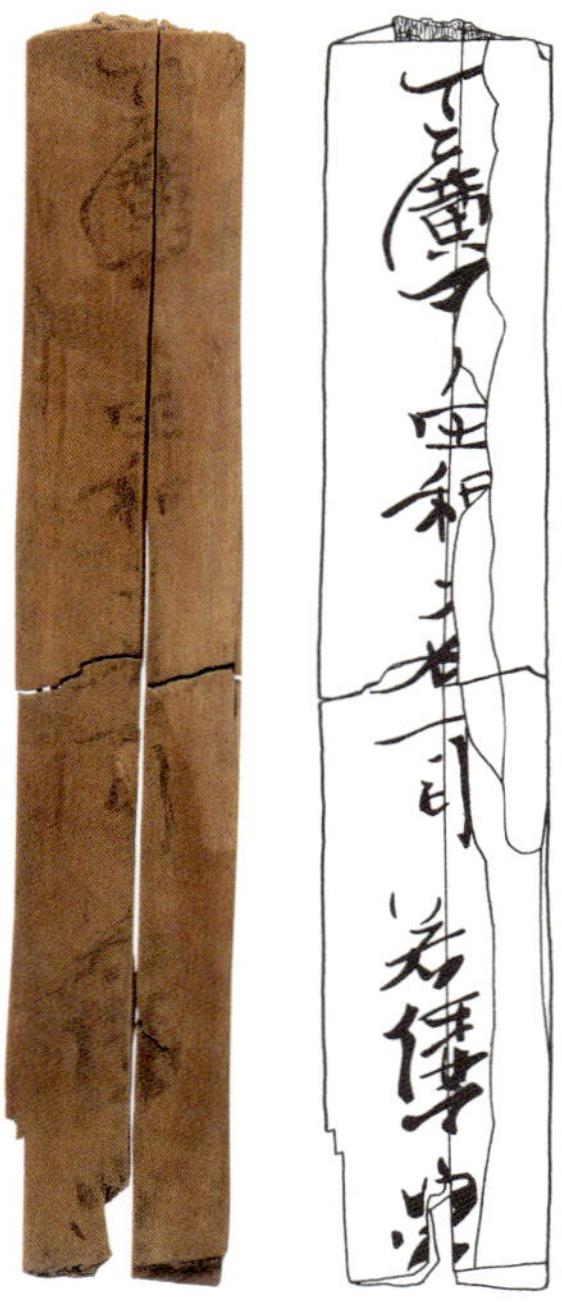

**図40 ● 伊場41号木簡と実測図**
廣万呂が田租として納めたのは2石1斗。その下には若倭部豊とあり、同じように田租の納入者と数量が記載されていたようだ。

丁《てい》がいたとみられる。

伊場40号木簡は、調布にかかわる内容が記された木簡であり、六九～七〇ページで説明する。また、先にふれた梶子北1号木簡の文面には「依調借子入濱津郷鴨部里戸主物部三狩」とある。大領の名で、調の調達や運搬にかかわる人夫として、浜津郷鴨部里《はまつごうかもべのさと》に住む戸主の物部三狩《もののべのみかり》という者が動員されたことを示す木簡と推定される。

出挙にかかわる木簡では、敷智郡の東隣の長上《ながかみ》郡家に関係した大蒲《おおかば》村東Ⅰ遺跡から出土した「大税給春耳十束夏耳四束」（大蒲1号、**図42**）と記された木簡がわかりやすい。漢字の「耳」は助詞の「に」で、「大税を春に十束、夏に四束を給す」と読むことができる。大税は後の正税（租のこと）で、春に種籾用として一〇束、夏に食料用として四束を貸し付けたとする給付台帳にあたる。

以上の木簡からは、敷智郡や長上郡などの郡家にとってもっとも重要であった徴税業務の実態を知ることができるのである。

## 浜松の地名は「浜津」に由来

かつて浜松という地名は、遠州浜に松が映えた風光明媚な風景にちなんでつけられたといわれてきた。平安時代にできた和名抄の原

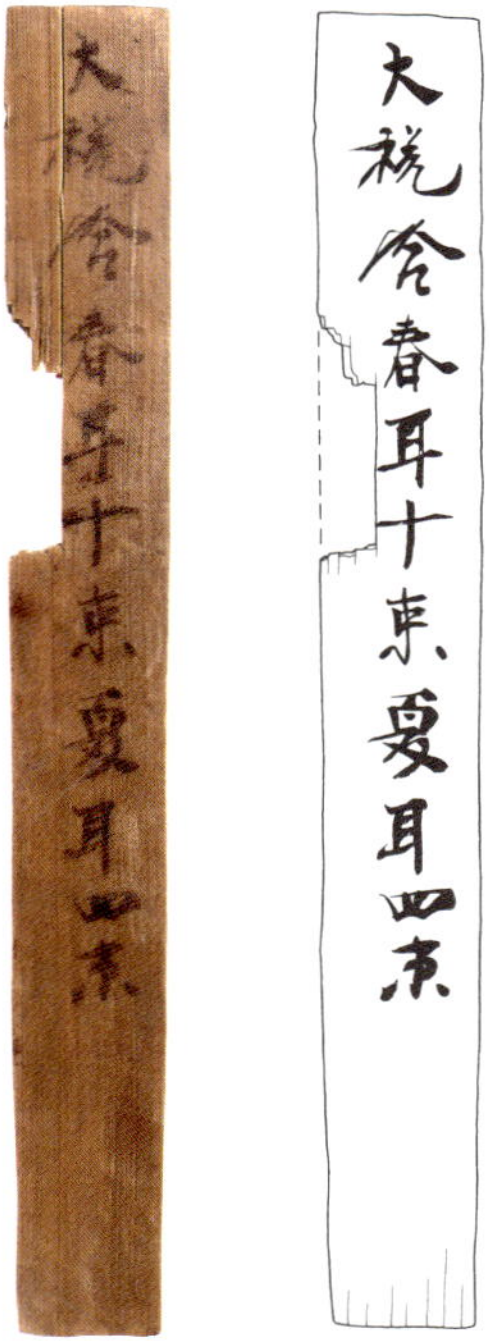

**図42 ● 大蒲１号木簡と実測図**
公出挙にかかわる帳簿の一部。大税は大宝令に規定されたものであるが、734年の官稲混合により正税となる。

本は失われているが、複数ある写本には「浜松」のほかに「浜津」と記したものもある。伊場遺跡で出土した木簡には「浜津」とあり（図43）、地名の由来は港や渡し場を意味する津にある可能性が高くなった。津や渡し場が近くにあることは、伊場の地に郡家が設置された大きな要因でもあったろう。

和名抄にある古代遠江国の敷智郡は、伊場遺跡から出土した木簡や墨書土器では「布知」とも表記され、大宝令施行（七〇一年）以前には「渕評」と記したことが判明している。大宝令施行にともない「評」を「郡」と記すようになり、『続日本紀』和銅六年（七一三）の記事では郡郷名に好字をあてるように、また『延喜式』民部省式では二字の嘉名とするとあるように、渕は七二〇年代までには敷智（知）と表記するに至ったようだ。

和名抄に記載され、伊場木簡や墨書土器にもみられる敷智郡内の地名に、蛭田《ひるた》、赤坂、象嶋《きさじま》、柴江《しばえ》、小文《おぶみ》、竹田、和地《わじ》、浜津、烏文《うぶみ》（雄踏・雄蹋）、駅家がある。木簡や墨書土器に登場しないのは海（尾）間だけである。これ以外に浜名郡の贄代《にえしろ》、引佐郡の京田《みやこだ》が伊場木簡にみられ、また和名抄にはない浜名郡の地名である新井も伊場木簡にある（伊場7号、辛卯年＝六九一）。

これら三例は浜名湖周辺の地名で、新井は現在の湖西市新居町にあたり、近世には東海道の

**図43 ● 「浜津郷」と書かれた木簡（伊場19号）**
「濱津郷□石マ（部）□□□」と書かれている。「濱津」は、浜松の地名の由来となった。

新居関所が置かれた場所でもある。京田の後には五十戸が、新井の後には里（五十戸と里はともにサトと読む）とあり、大宝令施行以前の表記法で書かれている。これらの地名を記した木簡が伊場遺跡から出土していることから、七世紀には浜名湖周辺全域が渕評の領域であった可能性が高い。伊場木簡に記された地名から、和名抄ではわからない郡（評）の領域の変化や再編、地名の変化などを読みとることができる。

　サト名は、表記が五十戸→里→郷と変化するが、地方での遅れはあったにせよ、律令国家により強く徹底されたことが、出土木簡からも判明する。伊場木簡には和名抄にはない里をつけた地名が、新井里のほか、入野《いりの》里や中寸《なかむら》（村）里など複数存在する。郷里制の施行（七一七年ごろ）にあたり、サトの範囲が再編されたことを示していると考えられる。入野は現在、西区入野町として、中村は梶子遺跡の北側に小字名として残っている。

　平成の大合併にあたり、市町村名の変更が大きな問題となった事例が多いと聞く。自分が生まれ育った地名が消滅するとなれば、穏やかではいられない。地名は、そこに住む人にとってはたいへんな関心事なのである。自分が慣れ親しんだ地名が古代にさかのぼる、あるいは古代にさかのぼる地名が判明したとなれば、うれしく思う人は多いだろう。

## 稲万呂は古代交易商人

　浜松市には私と同じ鈴木姓が多く、学校や職場では名前でよばれるのが一般的である。古代の敷智郡に住んでいた人びとの名は、どうであったのだろうか。伊場遺跡出土の木簡や墨書土器から紹介しよう。

　古代の人名にも姓と名があり、姓には部がつけられている。大化改新後、公地公民制のもと律令国家を目指していくが、公民の人名には大化前代の部民《べみん》制下でのよび名が残った。部民制は皇族や個別の中央豪族に隷属して奉仕・貢納する人びとを編成したもので、大化前代の基本的な支配方式とされ、律令制の導入にともない廃止された。

　伊場遺跡で確認された部には、皇族の私有民の子代《こしろ》や名代《なしろ》に由来する部民の日下部《くさかべ》、若日下部《わかくさかべ》、刑部《おさかべ》、軽部《かるべ》および朝廷直属の部民の丈部《はせつかべ》と、大豪族の私有民で部曲《かきべ》とされる蘇我部《そがべ》（宗宜・宗我・蘇何などとも表記）、和邇部《わにべ》（委爾・丸爾）、大伴部《おおともべ》、物部《もののべ》、君子部《きみこべ》、敢石部《あえいそべ》、石部《いそべ》のほか、伊勢神宮や三輪神社に奉仕した部民とされる神麻績部《かむおみべ》、神人部《みわひとべ》、特定の職能をもって従事する品部の海部《あまべ》、山邊《やまべ》（部）、玉作部《たまつくりべ》、三使部《みつかいべ》、語部《かたりべ》がある。これら以外にも、若倭部《わかやまとべ》、忍海部《おしみべ》、伊福部《いおきべ》など、どのような部民かわからないものも多い。

　部曲でもっとも多いのが蘇我部であり、『浜名郡輸租帳《ゆそちょう》』にもあることから、蘇我氏は大化前代の西遠江において、強い影響力を有していたと推定される。蘇我氏のほかにも、和邇氏、大伴氏、物部氏など、よく知られた中央豪族の名もみられる。人名からも、大化前代の西遠江は大和王権や中央諸勢力と深い関係をもっていたことが推察できるのである。

　さて、少し前の名前には、男の子であれば男や郎、女の子では子や美をつける人が多かった。伊場遺跡出土の文字資料だけでなく、古代において男性は某万呂《まろ》、女性は某女《め》や某刀自女《とじめ》などが多い。人名のなかには、稲籾を模したとみられる独特なマークを施す「稲万呂」の墨書土器があり（図44）、伊場遺跡群の広範囲から発見されている。それは北西の城山遺跡から南東の鳥居松遺跡までの約一・五キロにわたり、大溝とその周辺から総数一九点がみつかっている。これだけの数が広範囲に確認されたのは稲万呂だけである。

稲万呂の人物像については、敷智郡家関連施設で幅を利かせていた有力者と推定することも可能であろう。「稲万呂」の墨書がまとまって発見されたのは、鳥居松遺跡の一二点であり、「上殿」と記された墨書土器とともに出土した。津や東海道に近く、物流拠点と推定される鳥居松遺跡は稲万呂一族の本拠地で、一族は「上殿」とよぶ大きな屋敷を構えていた商社のような性格が考えられる。こう察すると、稲をあしらったマークは屋号のようにもみえる。

**図44 ● 鳥居松遺跡出土の「稲万呂」墨書土器**
須恵器の坏の底と、その蓋の内側を中心に稲のマークとともに「稲万呂」と記してある特徴的な墨書土器。同筆らしきものもあり、墨書土器の異質な一群。

## 古代東海道のルートは

一九九四年、静岡市のＪＲ東海道線・東静岡駅南口すぐにある曲金北《まがりかねきた》遺跡で、静清《せいせい》平野をひたすらまっすぐに貫く古代東海道の跡がみつかり、多くの人びとを驚かせた。両側に側溝を備えたバラス敷きの道路は側溝心々間で幅一二メートルもあった。畿内から鈴鹿関を越え、伊勢、尾張、三河を経由し、遠江、駿河、相模、武蔵、下総、常陸へ至る主要幹線であり、軍事、情報伝達、物流のために律令国家が総力を挙げて整備・維持した道路である。

　この古代東海道は当然、遠江を通っていたはずだが、残念ながら浜松市周辺ではその片鱗すら確認されていない。しかし、曲金北遺跡の調査成果から、直線的でしかも条里方向に合致することが認められ、遠江国府を通っていたのはまちがいないので、伊場遺跡の南、

**図45 ● 東海道と駅家の位置**
栗原駅や駅家に関係した木簡と墨書土器の出土から、駅家の存在は確実だろう。しかし、駅家や東海道にかかわる遺構そのものは未発見。

鳥居松遺跡のあたりを通過したと推定することができる。そして西方へは、一度屈折した後、砂丘の高まりを行けば、猪鼻駅家と推定される浜名湖西岸の現・湖西市新居町（木簡にある新井里）に、まっすぐ至ることができる（図45）。

伊場大溝からは、栗原駅長、□原駅長、駅長宅、栗原と書かれた墨書土器（図46）、駅評人と記した木簡が出土しており、伊場遺跡を駅家とする説の根拠となっている。伊場遺跡群には敷智郡家だけでなく栗原駅も置かれていたらしい。

遠江では『延喜式』より、東から初倉、横尾、□間、栗原、猪鼻の五駅があったことが知られている。伊場遺跡から出土した木簡には、美濃関（不破）を通って都に行くことと、通る駅名が東から列

図47 ● 過所木簡（伊場30号）
表面には、美濃を通り京に向かうことが書かれている。三河の宮地、山豆奈、鳥取の三駅が書かれている。宮地駅は後に渡津駅に移り、山豆奈は山綱と表記が変更される。8世紀初頭の木簡と考えられる。

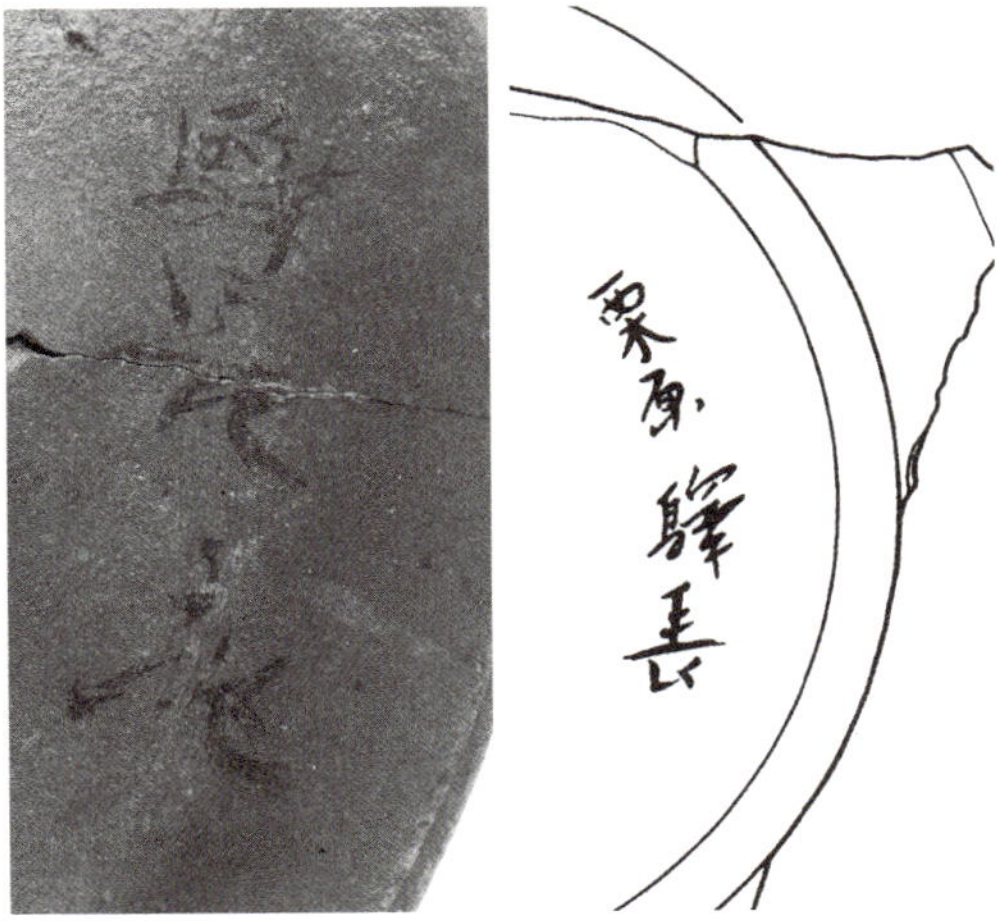


図46 ● 駅家のあったことを示す墨書土器
墨書される土器は基本的に食器であり、郡家の施設にともなうため、遠くに移動することは少ない。伊場遺跡出土のこの墨書土器は、駅家が近在していたことを示す。

ら列記された通行手形にあたる過所木簡（伊場30号、**図47**）がある。記された駅家名は、宮地《みやじ》、山豆奈《やまづな》、鳥取《ととり》の三河の三駅である。欠損した上部には遠江の猪鼻駅が記されていたと推定される。宮地は、後に渡津《わたつ》に、山豆奈は山綱と変更される。この木簡は令の編目の一つである『公式令《くしきりょう》』過所式にはしたがっていないこと、本来の鈴鹿関を通らないことなど、古代交通史を考えるうえで注目される資料である。

## 古代の浜名湖と遠州灘

一四九八年（明応七）に東海沖を震源とする大地震と大津波が発生し、房総から紀伊半島にかけての広い範囲に甚大な被害がでた。

伊勢神宮の神主家の記録伝承をまとめた『皇代記』は、壊滅的被害が遠江柿本（橋本の誤記）にあったと伝えている。橋本は現在の湖西市新居町で、古代猪鼻駅の推定地でもある。浜名湖はこのときの地震と高潮により今切《いまぎれ》口《ぐち》ができ、淡水湖から現在のような海水湖となった。

**図48 ● 鎌倉時代の今切口**
浜松市北区、細江神社神官の澤木家に伝えられた江戸時代の今切変遷絵図。明応年間に今切口ができる前、鎌倉時代の浜名橋がかかっていたころの様子を描いたとされる。海底遺跡の存在から、浜名湖南部には、南北3km以上の平野が存在したと推定されている。

今切口のすぐ北側にある弁天島湖底遺跡には、弥生時代から飛鳥・奈良時代の集落跡が存在しており、奈良時代以前には浜名湖南部は砂丘でふさがれ、相当広い範囲が陸地であったと推定される。そこを古代東海道も通過していたのである（図48）。

浜名湖南部だけではなく、伊場遺跡周辺の海岸平野でも、現在では想像もつかないほど地形は変化に富んでいたとみられる。浜松市西南部の砂丘地帯には、古地図からは、砂丘の高まりと湿地が何条も繰り返し存在したことが読みとれる。しかし、伊場遺跡群の位置する地域から東では、帯状の砂丘列は途切れ、南北に長い微高地や河川の流路跡が確認されるなど、天竜川およびその支流による影響が一目瞭然である。昭和のはじめまで、近世東海道が通る第三砂丘の南には高塚池とよばれた東西

図49 ● 青山御領分絵図にみる伊場遺跡周辺
江戸時代、1680年ごろに製作された絵図。佐鳴湖の南まで沼地がおよんでいる。高塚池や沼田池が青く示され、流路や地形から、かつては馬込川河口から入江が入っていた可能性が高い。

に長い湖沼があり、伊場遺跡の南一・二キロには入江の痕跡と推定される沼田池が存在した。

どこまで海水が流入したかは明らかでないが、地形からは入江が第三砂丘の近くまで大きく入り込んでいた可能性がある。すでにみてきたとおり、鳥居松遺跡は伊場大溝の最下流部にあって、この入江にも面し、港湾基地、物資集散基地の性格を帯びていたと想像できる。古代・中世においては、現在から想像する以上に、河口部や海浜部には入江や潟湖が発達し、『延喜式』「諸国運漕雑物功賃」に陸路の駄（馬）賃と海路の舟賃の両方が併記されたように、律令国家が三河・遠江の水運を重要視していたことがうかがえるのである。

## 地方役所のぜいたく品

奈良時代の土器はおもに須恵器と土師器で、平安時代になると須恵器が灰釉陶器に代わり、緑釉《りょくゆう》陶器も加わる。

**図50 ● 浜名湖南部の航空写真**
手前が湖西市。浜松市南部海岸平野を西より望む。浜名湖南部は、かつては陸地で、浜名川を介して遠州灘とつながっていた。

遠江では、食膳具《しょくぜんぐ》の主体は飛鳥時代には須恵器で、奈良時代になるとしだいに土師器が多くなる。三河・尾張では、奈良・平安時代には煮炊具の甕《かめ》を除き土師器は用いられず、須恵器・灰釉陶器で占められる。こうしたあり方は、駿河以東の土師器が主体を占め、少数の須恵器がともなう状況と対照的である。畿内でも土師器が主体であることを考えると、窯業生産地帯を抱える東海西部の特殊性がうかがえる。

伊場遺跡群で出土した奈良時代の土器は、須恵器では盛る器として蓋をともなった有台坏身、碗、皿と、容器の長頸壺、平瓶、甕などがあり、土師器では盛る器の坏身、皿、高盤《たかさら》と、煮炊き用の甕、甑《こしき》などがある。甕には須恵器と土師器があるが、須恵器の甕は容器、土師器は煮炊き用の鍋釜にあたるものであり、機能が異なる。

伊場遺跡群出土の須恵器は、ほとんどが前述した湖西窯の製品である。遠江の一般的な奈良時代の集落でも同じ種類の土器が発見されるが、大量に消費されるのが郡家や国府の特徴といえる。

平安時代になると、中国製の青磁が地方でもまれに出土するようになる。九世紀はじめには、

**図51 ● 城山遺跡で出土した灰釉陶器と緑釉陶器の碗**
平安時代のはじめごろには、両者は高級食器として官衙や寺院で使用された。この灰釉陶器は猿投窯産。

東海地方を代表する愛知県尾張の猿投窯《さなげよう》では、青磁を模倣した緑釉陶器が灰釉陶器とともに生産されはじめる（図51）。

もっとも高級なのは中国製青磁で、国内では緑釉陶器も高級品として流通した。また、灰釉陶器も初期の段階では高級食器として扱われたが、しだいに日常雑器化した。緑釉陶器や初期の灰釉陶器は、東日本ではおもに官衙もしくは有力集落で発見される。高級食器を求め、消費できたのは国府、郡家、寺院や地方豪族層に限られていたのである。

食器以外の陶製の奢侈品としては、中国からもたらされた唐三彩の陶枕が、城山遺跡の八世紀にさかのぼる層から出土している（図24参照）。全国的にも数少ない最高級品の陶枕が三個体も確認されたことは、一地方郡家という以上に畿内中央との特別な関係が推測される。

## 郡家で出された食事

すでに述べたように、伊場大溝では各所で小貝塚がみつかり、それらは郡家に関係した建物から捨てられたのではないかと推定した。

墨書土器には「布智厨」「布知厨」「下厨南」「厨」などと記されており、郡家に関係した給食施設の存在を示している。厨は、食事を提供するだけでなく、食料の調達と管理を担う部署である。こうした厨関係の施設が伊場大溝の周辺には存在したと考えられている。

小貝塚を構成する貝は、シジミとキサゴ（ながらみ）が主体であり、つづいてタニシが多い。ハマグリやアサリなども確認されているが、量はわずかである。貝類は伊場遺跡群の南にあった天竜川の河口部、海浜、遺跡周辺の沼地でとられたものであり、比較的近場で調達されていた。

魚はコイ、フナ、ナマズ、ウナギなどの淡水魚だけでなく、海水魚のカツオ、マグロ、サバ、サワラ、アジ、タイ、スズキ、フグなどいろいろな種類がみつかっている。魚ではカツオがもっとも多く、その鱗も検出された。カツオは、いまでも季節になると浜松市西区の舞阪《まいさか》港で多く水揚げされており、奈良時代においても遠州灘で相当数がとられて、敷智郡家にも提供されたと考えられる。

駿河や伊豆では、調として堅魚《かつお》と煮堅魚を貢納することになっていた。フグも遠州灘で多くとれる魚であり、縄文

**図52 ● 伊場遺跡出土の土器と食料残滓**
出土した須恵器の多くは湖西窯の製品。赤い焼き物は地元産の土師器。食された獣の多くはシカとイノシシ、貝ではシジミとキサゴ、魚ではカツオ、果実ではモモが多い。

時代の蜆塚遺跡でも多数確認されている。毒をもつ部位は除去され、役所ではフグもおいしく食べられていたのだろう。

獣はニホンジカ、イノシシのほか、ウマやウシも多い。そのほかイヌ、タヌキ、キツネ、ネズミ、モグラなども少数確認されているが、これらがすべて食されたのかはわからない。シカとイノシシは、現在のウシやブタと同じく、主要な動物性タンパク源であり、メインディッシュになった食材であろう。発掘されたウシの骨には解体痕があり、労働用の家畜であるとともに食用でもあったことがわかる。

種子には、コメ（炭化米）、アワ、オオムギ、コムギなどの穀類、ナス、トウガン、ウリなどの野菜、モモ、スモモ、ヤマモモ、キイチゴ、ブドウなどの果物がある。確認できていない野菜や果物も相当あったはずで、季節ごとにいろいろな食事を楽しんでいたようにも思える。

郡家での食事は、食器である須恵器や土師器の坏身、皿、高坏に料理を盛り、折敷《おしき》にのせて供したと考えられる。そして、製塩土器の存在から、調味料として塩が使われたこと、わざわざ三河の渥美半島から調達したことが想定される。用意した塩で、料理に好みの味付けをして食したようだ。

貝塚は、食物残滓を捨てた跡であり、古代にこの地域で食されたものが具体的にわかる。ただし、貝塚に残された食物は、普通の農民が食べたものではなく、敷智郡の厨が調達、調理したうえで、郡司や役人用の給食、儀式や宴会、国司の接待などに提供された食事の残飯や食材の残滓である。

## 表1 ● 敷智郡関連年表

| 時代 | 西暦 | 年号 | 記事 | 敷智郡関係記事と紀年銘木簡等 |
|---|---|---|---|---|
| 飛鳥 | 645 | 大化1 | 蘇我氏滅亡 | |
| | 646 | 大化2 | 大化改新の詔 | 東国国司の派遣（造籍・校田） |
| | 652 | 白雉3 | 班田と造籍 | |
| | | | | このころ渕評が成立 |
| | 667 | | 近江大津宮に遷都 | 7世紀の「敷智郡」は「渕評」と記された |
| | | | 近江令を制定 | |
| | 670 | | 庚午年籍の作成 | |
| | 672 | | 壬申の乱 | |
| | | | 飛鳥浄御原宮に遷都 | |
| | 673 | | 天武天皇即位 | |
| | 679 | | | ・「己卯年」（679）梶子12号木簡 |
| | 681 | | | ・「辛巳年」（681）伊場3号木簡 |
| | 689 | | 飛鳥浄御原令を施行 | ・「己丑年」（689）伊場4号木簡（放生木簡） |
| | 691 | | | ・「辛卯年」（691）伊場7号木簡 |
| | 694 | | 藤原京に遷都 | |
| | 695 | | | ・「乙未年」（695）伊場8・9・84号木簡 |
| | 699 | | | ・「己亥年」（699）伊場108号木簡 |
| | 701 | 大宝1 | 大宝律令を制定 | このころ敷智郡から浜名・引佐郡が分置 |
| | | | 国郡里制を施行 | |
| | 708 | 和銅1 | 和同開珎を鋳造 | （東若林遺跡の和同開珎） |
| | 709 | 和銅2 | | 長田郡が長上・長下郡に分割 |
| | | | | ・「己酉年」（709）鳥居松5号木簡 |
| 奈良 | 710 | 和銅3 | 平城京に遷都 | |
| | 712 | 和銅5 | 「古事記」 | |
| | 715 | 和銅8 | 郷里制を施行 | ・中村1号木簡 |
| | 718 | 養老2 | 養老律令を制定 | |
| | 720 | 養老4 | 「日本書紀」 | |
| | 721 | 養老5 | | ・伊場37号木簡 |
| | 723 | 養老7 | 三世一身の法を制定 | |
| | 724 | 神亀1 | 聖武天皇即位 | ・「神亀元年」鳥居松3号木簡 |
| | 727 | 神亀4 | | ・伊場85号木簡 |
| | 729 | 神亀6 | | ・城山27号木簡（具注暦木簡） |
| | 732 | 天平4 | | ・城山10号木簡 |
| | 733 | 天平5 | | ・城山30号木簡 |
| | 735 | 天平7 | | ・伊場31～33号木簡 |
| | 740 | 天平12 | この頃　里が廃される | 浜名郡輸租帳 |
| | 741 | 天平13 | 国分寺・国分尼寺建立の詔 | このころ敷智郡家の最盛期 |
| | 743 | 天平15 | 墾田永年私財法を制定 | 敷智郡竹田郷の刑部真須弥が調布を納入 |
| | | | 公地公民制が崩れる | （正倉院） |
| | 745 | 天平17 | | 遠江国分寺が建立 |
| | 761 | 淳仁5 | | 荒玉河が氾濫し、堤を修復 |
| | 781 | 天応1 | 桓武天皇即位 | |
| | 784 | 延暦3 | 長岡京に遷都 | |
| 平安 | 794 | 延暦13 | 平安京に遷都 | |
| | 797 | 延暦16 | 「続日本紀」 | |
| | 818 | 弘仁9 | 富寿神宝を鋳造 | （城山遺跡の富寿神宝） |
| | 819 | 弘仁10 | | 遠江国分寺が焼失 |
| | 858 | 天安2 | 摂関政治が始まる | |
| | 862 | 貞観4 | | 浜名湖に浜名橋がかかる |
| | 924 | 延長2 | | ・伊場77号木簡（題箋木簡） |
| | 927 | 延長5 | 「延喜式」 | 延喜式に栗原の駅などが記される |
| | 935 | 承平5 | 平将門の乱 | |
| | | | この頃「和名類聚抄」が成立 | このころ敷智郡家が衰退 |
| | | | 荘園が各地に広まる | |

木簡などの文字資料として料理は記録に残されていないが、発見された食材から、一三〇〇年ほど前に、どんな料理がつくられていたのか、どんな味だったのかを想像するのも楽しい。

本章では、伊場遺跡出土の木簡や墨書土器などの文字資料を中心に、古代敷智郡での地方行政のあり方を紹介した。特筆されるのは、木簡に記された年紀より、七世紀末葉から一〇世紀前葉にかけての約二五〇年間、長期にわたって伊場の地が継続的に地方行政の拠点となっていたことである。また、伊場木簡は、律令制が採用された初期の段階である七世紀代に、地方行政がそれまでの想定よりも早い時期から本格的に機能していたことを明らかにした点である。

そして、郡家での主要業務である租庸調や雑徭などの徴税業務、租の利殖運用としての出挙の実態が、同時代の生の資料である木簡から推測されたこと、さらに、敷智郡の郡家には、軍団（敷智団）や駅家（栗原駅）が併設されていたと推定されるに至ったことも、大きな成果といえよう。このように、地方の郡家でおこなわれていた多様な行政実務の実態を伝える伊場木簡は、現在においても全国的に注目されている。

古代浜松南部の中心をなした敷智郡家が伊場地区（当時は竹田郷）にあり、所在地が諸説あった栗原駅が伊場遺跡周辺であることが明らかとなったこと、浜名湖南東部の古代の地名がおよそ推定されるに至ったこと、これらは上記の行政実態とあわせ、西遠江の歴史を豊かなものにしたのである。

# 第5章　郡家の地域産業振興

## 木製農具

伊場大溝からは七、八世紀の鍬《くわ》・鋤《すき》・鎌《かま》・大《おお》足《あし》・馬鍬《まぐわ》など各種の農具類が出土した。

鍬には平鍬《ひらぐわ》、狭鍬《さぐわ》、又鍬《またぐわ》、柄振《えぶり》がある。平鍬は、野菜のナスに似た形からナスビ形鍬ともよばれ、刃先は鉄刃を装着できるように加工してある。実際に刃を装着したまま出土した稀な例もあり（図53）、古代の鍬の典型例としてよく紹介される。狭鍬は深田用の鍬で、細長い鍬身の先端は尖るが、鉄刃はついていない。又鍬はフォーク状の歯がついたもので、歯先まで木製である。鋤は鉄刃を装

図53 ● **鉄刃のついた鍬先**
形からナスビ形の鍬先とよばれている。鉄刃を装着したままで出土した例は、全国的に少ない。伊場大溝Ⅶ層から出土した7世紀代のもの。

着した角スコップ状のものと、フォーク状の二種類が存在する。

古代の鎌は、現在と同じような形状の鉄刃と木柄だが、装着方法が異なる。鉄刃を柄の上部にあけたスリット状の穴に直接入れ、楔で固定するものである。刃先とは反対側の基部を折り曲げて、脱落を防ぐ工夫をしている。古代の鎌にも、普通の大きさのものと薙刀《なぎなた》状の大型のものがある。大型鎌は穂首を刈りとった後の稲藁の根刈や山林の下草刈に用いられた。

大足は、現在ではほとんどみることはないが、泥田ではこれを履いて歩き、代均しや緑肥の踏み込みに用いた。馬鍬は、牛馬に引かせる代掻《しろかき》用の農具で、伊場遺跡の大溝でみつかったの

**図54 ● 柄振**
水田面をならす農具。歯が6本あり、背側の2孔は柄を装着するためのもの。7世紀。

**図55 ● 馬鍬の出土状況**
馬にひかせて土を砕いたり均したりする農具。幅は1mを越え、刃は長さ約35cm。伊場大溝からは7世紀と8世紀のものが出土。

は、七世紀と八世紀代のものである（図55）。発見当時は、家畜を用いた耕作の開始時期が平安時代中ごろ以降と考えられていたため、この馬鍬の発見は通説を見直す契機となった。なお、現在では古墳時代後期にさかのぼるものも確認されている。

これらの農具は、伊場周辺に水田が広がり、稲作がおこなわれていたことを示している。牛馬を使用しており、鉄刃装着の農具が豊富に存在するが、これらは一般農民の持ち物とは考えにくい。郡司を輩出する豪族層や有力家族が伊場周辺に居住し、大規模に水田経営をおこなっていたのだろうか。また、その一部は、雑徭に徴用された人びとに貸与するため、郡家が管理していた農具や土木具であった可能性もある。

## 漁撈と水運関係

伊場大溝では、魚を追い込み捕獲するための魞《えり》遺構がみつかっている（図56）。平安時代中ごろのもので、杭と丸太材で一・二メートル四方の枠をつくり、篠竹を立てならべてかこむ構造である。上流側には魚を導く開口部が設けてある。魞本体は岸側の浅瀬にあるが、魚を誘導する篠竹の柵を大溝中央部までのばしてある。魚をとるために、古代の人もいろいろと工夫していたことがわかる遺構である。

この捕魚施設は、調査している時から、民俗学の専門家からも注目されてきた。このほか、ウナギなどをとるための筌《うけ》、タモ網、釣針などの漁撈具も多くみつかっている。

遠江の川や沼には、フナ、コイ、ナマズ、ウナギ、ドジョウなど多くの淡水魚が生息しており、わたしも子どものころは、釣り竿や竹箕、四ツ手網、タモ網を使って魚とりを楽しんだものである。伊場大溝からは四ツ手網の四本の竿を差しこむ十字形をした木製の取手がみつかっている。

伊場大溝内の貝塚から出土した骨を鑑定したところ、上記のフナ、コイ、ナマズ、ウナギなどの骨が確認された。そのほか、いまでも鮮魚店でおなじみのイワシ、アジ、サバ、カツオ、スズキ、タイなどの海水魚の骨も出土した。貝はキサゴ、シジミが大半を占め、ついでタニシが多く、ハマグリはわずかであった。キサゴは遠州灘、シジミは河口部、タニシは水田や沼地にいまでも多く生息する。貝塚で確認された魚貝類は、役人の食事に供するため、郡厨の指示のもと、伊場大溝や周辺の池沼、南方の入江や海浜でとったものであろう。

船は漁業にも水運にも必要であるが、伊場大溝やその周辺からは、井戸枠に転用された船材や、船を漕ぐための櫂《かい》、船底にたまった水をかきだすための塵取りの形をしたアカカキがみつかっている。櫂だけでも約二〇点あり、伊場大溝を船が行き交っていた情景が想像される。

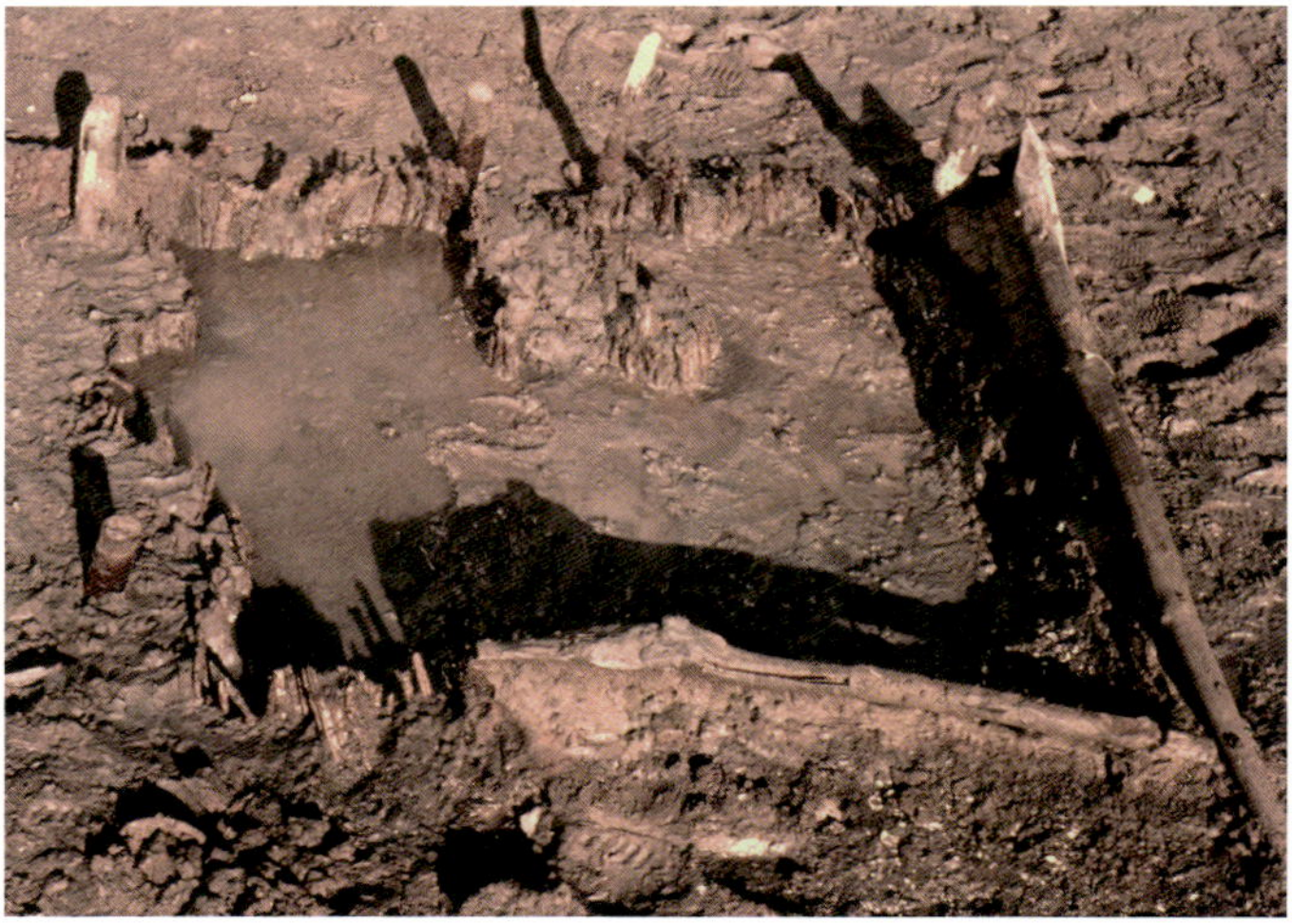

**図56 ● 魞遺構**
杭と丸い棒で枠をつくり、その枠に篠竹を立てならべた遺構。
伊場大溝のⅣ層でみつかった平安時代の魚をとるための施設。

伊場大溝には、各所に桟橋状遺構や階段状遺構があり（図57）、伊場大溝を水運に利用した可能性は高い。郡家に集められた物資の一部は、小船で入江まで運んだのち、大船に積みなおし、国府や他国へ運搬したのだろう。

## 調庸布の生産

奈良の東大寺の正倉院には、調庸として地方から集めた布がいまでも大切に保管されている。そのなかに「遠江国敷智郡竹田郷戸主刑部真須弥調黄絁六丈　天平十五年十月」と墨で記された織布がある。

遠江国敷智郡竹田郷はまさに伊場遺跡群の周辺にある村で、「戸主の刑部真須弥《おさかべのますや》が、調として納めた黄色の絹織物、長さは六丈（約一八メートル）、納入年月は天平一五年（七四三）一〇月」といった内容である。現存するこの布の幅は五六センチで、『続日本紀』養老三年（七一九）五月二三日条や『延喜式』に規定された調として納める布の寸法とほぼ一致する。

伊場木簡のなかにも調庸布にかかわる荷札用の木簡がある。「若倭部五百国布二丈八尺縹」（伊場第40号、図

図57 ● 伊場大溝内の杭群
大溝内の肩部には、杭列や杭群が各所にある。これらは、護岸工事と桟橋の造成にともなうものであろう。

58）と書かれたもので、意味は「若倭部《わかやまとべの》五百国《いおくに》という者が納めた布で、長さは二丈八尺（八・四メートル）、色は縹《はなだ》（薄い藍色）」である。長さ二丈八尺は庸布の一段と推定でき、敷智郡の班田農民も律令国家が規定する規格の布を忠実に生産し、納付していたと考えられる。しかし、一般農民が持っていた機織具では、腰幅の布（四〇センチ前後）しか織ることができないことから、規定どおりの幅広（約六〇～七〇センチ）の布を織り、納めるためには郡家が関与せざるをえなかったようだ。

　伊場大溝からは、管大杼《くだおおひ》、筬框《おさかまち》、開口具、招《まね》きといった機織具の一部がみつかっている。管大杼は緯《よこ》糸を通し、それを打ち込むための半月形をした木製品で、中央には緯糸を納める管室《くだむろ》とよぶ穴がある。長さは八〇センチを超えており、幅六〇センチの布を織ることができる。筬框は経《たて》糸の間隔と布幅をそろえる筬の枠で、長さは七五センチである。糸ずれ痕から織布の幅は六〇センチ以上と推定される（図59）。開口具と招きは、緯糸を通すために経糸のあいだを開く道具である。

　これらの部材の存在から、敷智郡では律令国家が要求する幅広の布を織るための機織具を備えていたと考えられる。農民は、糸に織賃に相当する物品を添えて、布を受取り、それを調庸

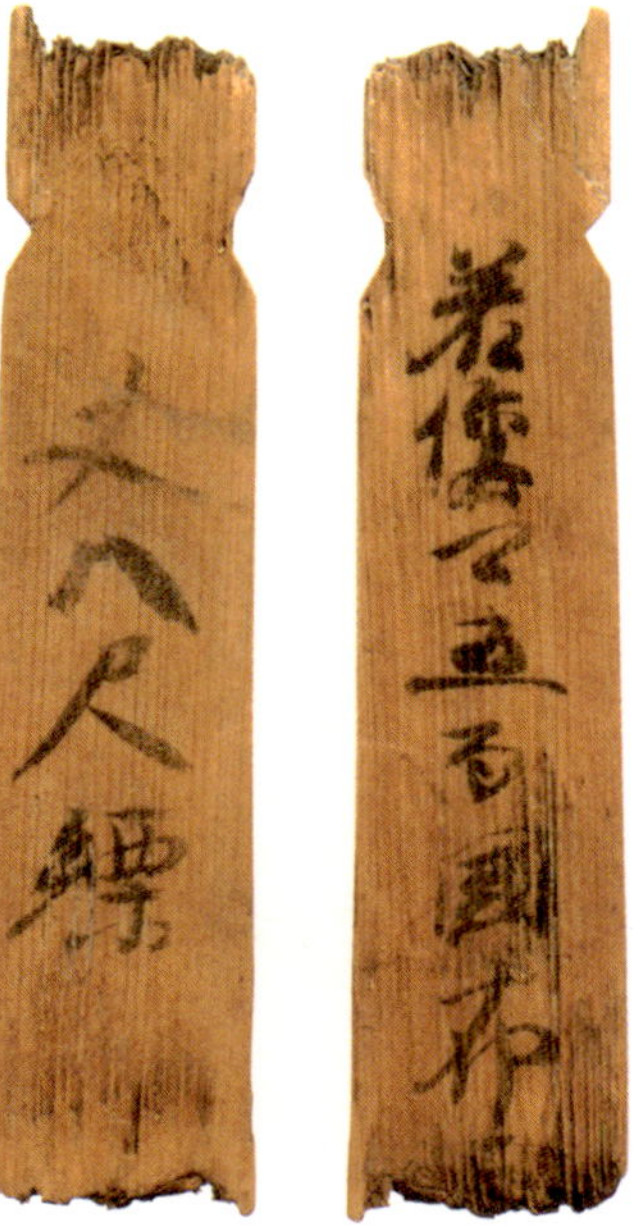

**図58 ● 伊場40号木簡**
庸として納めた布につけられた木簡。付札木簡ともいう。

布として郡家に納めたのだろう。庸調として納める布の生産体制についてはほとんど記録がなく、布が実際にどのように織られ、どのような過程を経て都まで運ばれ、消費されるのかを推察できる資料としてきわめて貴重である。その布に付けられたのが、上記の木簡だったと考えられる。

布には、納付者など必要事項が墨で直書きされ、遠江国府で国印を押された後、都にまで運ばれた。幸運にもいまに伝わったのが東大寺正倉院にある古裂なのである。

## 鉄製品と鍛冶工房

鉄製品は、年月がたつと水分と酸素によって錆が進み、土器など焼き物とくらべて後世に残りにくい遺物である。伊場大溝は滞水していたため、金属器はそのままの形では残りにくいと思われるが、堆積した粘土に密封されたものは比較的よく残る。さきにみたナスビ形平鍬に装着された鉄刃や、木柄に鉄刃がはまった状態で発見された鎌がそうしたものである。鎌の刃のなかには刃部が不自然に湾曲したり、砥減りしているものがあり（**図60**）、郡家周辺で農作業や除草作業に汗した古代の人びとの様子が思い浮かぶ。

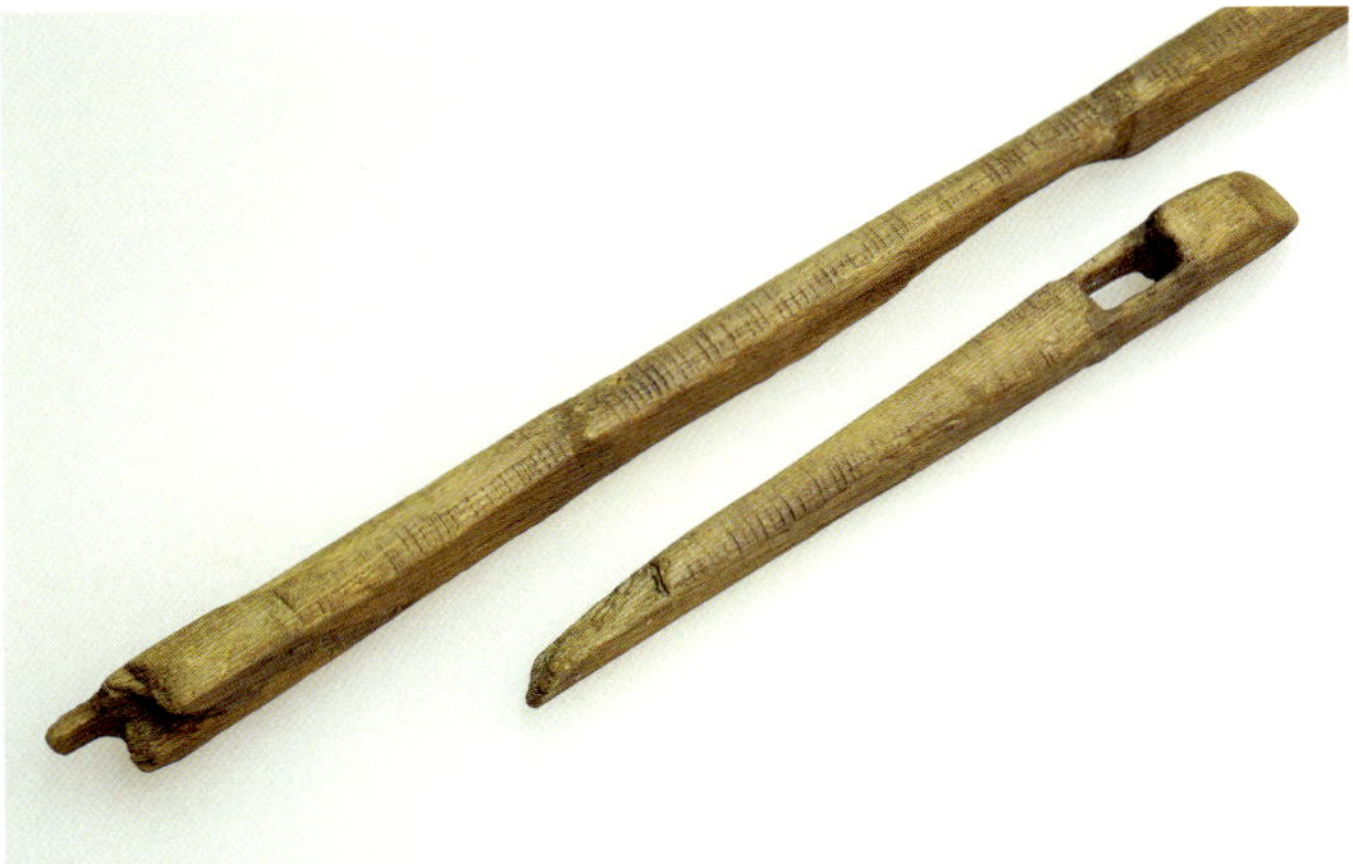

**図59**・**糸ずれの痕がある筬框**
糸に接する内側には、糸ずれが観察される。写真の2例は7世紀中葉のもので、糸のすれ目は1cm間に約10本と粗い。ほかに8世紀末〜9世紀前葉の24本の繊細な例もある。

そのほかに刀子、斧、鏃といった鉄製品がみつかっている（**図61**）。刀子はいまでいう小刀のことで、木の細工や物の切断に用いる工具である。とくに木簡との関連では、現代の消しゴムのように書き損じた文字を消す、あるいは使い直すときに、木簡の表面から文字を削りとるために使われた（そこから役人のことを「刀筆の吏」という）。刀子は、木簡を多用した郡家では必要不可欠な文房具であり、伊場遺跡だけでも二〇点以上が確認され、うち五点には木柄が残る。著しく砥ぎ減りしたものも多く、地方の下級役人の仕事ぶりが伝わる。

また、木柄が残存する鉄製の加工用手斧《ちょうな》もみつかっていて、郡家周辺に木工所があったことがうかがえる。鉄鏃は、いろいろな形をしたものが出土している。鉄鏃の存在は、軍団が敷智郡に併設されていたことに関係するのだろう。

伊場・城山遺跡周辺からは、ばらばらに砕けた鞴《ふいご》の羽口や鉄滓の小塊が出土する。鉄を溶かすには強い風を送らなければならないが、鞴はその送風装置であり、粘土製の吹出口が羽口である。出土した羽口には、強い被熱で溶けだした珪酸が付着している。鉄滓は、鉄を溶かした

**図60 ● 鎌**
現在の鎌とくらべると、刃部の形には大差はないが、木柄との装着の仕方が異なる。写真にある鎌の刃部は奈良・平安時代のもの。

ときに生じた滓《かす》で、これらの存在から鍛冶工房が郡家の周辺に存在し、郡家で必要とした鉄製品の製作や修理をおこなっていたと推定される。

## 木工生産

すでにみてきたように、伊場遺跡群では農具や機織具などの木製品がたくさん出土している。木製品で多いのは曲物《まげもの》や箱物《はこもの》などの容器類と形代《かたしろ》（人形《ひとがた》、馬形《うまがた》、舟形《ふながた》、斎串《いぐし》）などの祭祀遺物で、ついで農具、機織・編物具がある。農具と機織具については前述し、祭祀遺物は次章でとりあげるので、ここでは容器を紹介しておこう。

曲物は底部と側板からなり、側板は薄い板材を曲げて樺紐で綴じ合わせたもので、底板は同じように樺紐で綴じるか木釘で固定する。

図61 ● 刀子、鉄鏃、手鎌片、鉄斧
上の写真は刀子で、木柄まで残る例は少ない。下左の写真は鉄鏃でいろいろな形がある。下右の写真の左が手鎌、右が鉄斧の破片。

曲物はいまでも、近隣では静岡市の「井川《いかわ》めんぱ」と長野県の「木曽曲げわっぱ」が有名であるが、古代には大小さまざまな曲物がつくられ、さまざまな容器として利用された。

伊場遺跡から出土した曲物の形には円形と楕円形、長方形がある。楕円形のものには取手を付けた例もあり、長方形のものとともに折敷《おしき》と考えられている。折敷は、郡家の役人の給食や宴会、巡回してきた国司の饗応の際に使用したのだろう。底板は俎板《まないた》がわりにも使ったらしく、刃物による切り傷を残す例が多い。俎板といえば、頑丈につくられた四本足の俎板も出土している。曲物は、飛鳥時代以降に多くなるが、木を刳り抜いてつくる容器（刳物《くりもの》の槽《そう》）が奈良時代になっても少数存在する。

これらの木材の樹種は、木簡、曲物、箱物、形代類、建築部材などにはヒノキが、鍬、鋤、櫂、刀杼《とうじょ》（機織具の一部）など固い材が必要とするものにはカシ類が、弓にはイヌマキが選ばれている。現在ではヒノキは高級材であるが、それを惜しげもなく使用するのが古代遠江の特徴といえる。これらの材は、古代においては伊場遺跡の周辺で調達できたと考えられる。

**図62 ● 曲物の出土状況**
伊場大溝の南岸斜面で、井戸枠に再利用されて出土。ヒノキ製の大型の曲物で、底板がはずされ、側板だけを用いている。

伊場大溝の蛇行した淀みには、製品だけでなく加工材、切れ端、削り屑が自然木とともに厚く堆積していた。大溝の周辺で木器の製作をおこなっていたことがわかる。郡家周辺にはさきにみた鍛冶、機織に加えて、木工所も存在したと考えられる。

## 湖西窯の須恵器生産と流通

伊場遺跡群のある渕評の領域は、大宝令施行前の七世紀には浜名湖周辺全域に及んでいたらしい。浜名湖西岸の湖西市には、古墳時代中期末から平安時代初頭まで操業した大規模な須恵器窯があり、湖西古窯跡群（湖西窯）とよばれている。

湖西窯の最盛期は七世紀中葉から八世紀前葉で、この前半期が渕評の領域に含まれていた時期である。湖西窯の須恵器は、一大消費地である地元の遠江だけでなく、七世紀後葉には駿河、武蔵、上総、下総にまで流通し、それ

**図63** ● **手斧**
木の表面を削って平らにする工具で、鉄製の斧頭がはまった状態で出土。左の側面写真の左側は柄の付け根で、ここから湾曲した柄がのびていたが、折れて欠損している。

らの地域の須恵器の主体を占めるほど、あらゆる器種が大量に供給された。さらに、長頸壺、平瓶、フラスコ瓶などの壺瓶類は、福島県や宮城県など東北地方南部でも珍重され、多くの古墳や横穴墓に副葬された。最北端の例では、青森県おいらせ町の阿光坊《あこうぼう》古墳群や八戸市の丹後平《たんごたい》古墳群があり、湖西窯からは直線距離にして八〇〇キロ近くも離れている。

こうした東方への供給は、調や庸を都へ運搬する運脚《うんきゃく》（これも農民の負担）の復路便も利用されたであろうが、大量かつ恒常的に運搬するためには水運が欠かせない。湖西窯の須恵器は、地域の中心である渕評（敷智郡）家周辺に大量に持ち込まれ、消費されただけでなく、そこから各地に運搬された可能性が高い。

その場合、生産地から須恵器を積載した小舟で浪荒い遠州灘に直接漕ぎだすことは難しい。そこで浜名湖を横断し、川や湿地を伝って、伊場遺跡北方まで運搬し、さらに砂丘部を南北に分断する伊場大溝を南下して鳥居松遺跡まで至ったのち、そこで大船に荷を積替え、南方に広がる入江から遠州灘に漕ぎだしたのではないかと推測している。近世においても、浜名湖北部から佐鳴湖《さなるこ》まで浜松城の石垣石材を船で運んでいる。

また、評（郡）を越え、国を越えて関東、そして東北まで供給されていることから、湖西窯の生産は、渕評（敷智郡）の一定の管理を受けておこなわれ、大量の海上輸送については、律令国家もこれを許容していたのではないかと考えられる。

# 第６章　地方の古代祭祀

## 寺院の建立と仏教祭祀の浸透

律令国家は神だけでなく仏教も重んじ、中央の豪族とともに畿内で寺院を整備したほか、地方においても仏教寺院の建立を奨励した。地方の豪族は相当な私財を投じ、つながりのある中央豪族から知識と技術を導入して積極的に寺院の造営をおこなった。

静岡県内では白鳳期に寺院が約二〇カ所で建立されたと推定されているが、浜松市内では木《き》船廃寺《ぶねはいじ》と、遠江最古の瓦窯である篠場瓦窯《しのんばがよう》から瓦の供給を受けたであろう所在不明の寺院が推定される。

木船廃寺は、敷智郡の東どなり、天竜川平野の下流部右岸を領域とした長上郡にあり（七世紀代には長田評《ながたのこおり》とよばれていた地域）、一九五四年の区画整理にともなう道路工事で大量の瓦が出土したことにより、その存在が知られるようになった。出土した瓦は、七世紀後半にさかのぼる古い時期の特徴を備えており、浜松市内でも最古の寺院として注目された。

さらに二〇一〇年、保育園園舎の建替えにともなう発掘調査で数千点という大量の古代瓦が出土した（図64）。寺院の建物などの遺構は発見されていないが、郡家の一角に存在したと考えられる。いままでに出土した軒丸瓦には、白鳳期の山田寺式、川原寺式のほか、奈良時代の平城宮式、遠江国分寺式も存在し、寺院の成立と維持にあたり、在地豪族や律令国家、遠江国府とのかかわりを垣間みることができる。

敷智郡内では、調査が進んでいる伊場・城山遺跡で寺院関係の遺構・遺物はみつかっていないが、伊場遺跡の東南東三〇〇メートルにある九反田遺跡の試掘調査で多量の瓦が出土した（図65）。軒丸瓦は複弁七弁蓮華文《ふくべんななべんれんげもん》で、白鳳期の流れをくむものであるが、技法的に形骸化が認められることと、伴出した土器からみて、八世紀前葉ごろと考えられる。この調査により、敷智郡家にも寺院が存在した可能性が高くなった。

仏教関連の資料は瓦や寺院だけではない。伊場大溝からは「放《ほう》生会《じょうえ》木簡」（伊場4号、図66）とよんでいる木簡が出土してい

**図65 ● 九反田遺跡出土の軒丸瓦**
白鳳期の流れをくむ複弁七弁蓮華文だが、木船廃寺跡のものとくらべて形骸化が進んでいる。8世紀前葉。

**図64 ● 木船廃寺跡出土の軒丸瓦**
木船廃寺跡周辺は長上郡家の推定地。軒丸瓦は左が川原寺式、右が山田寺式とよばれているもの。

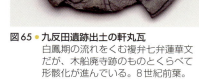

る。表面には「己丑年八月放×」、裏面には「二万三百廿□」と記されている。己丑年は西暦六八九年で、放の下は欠けているが「放生」と推定される。

放生とは捕らえた生き物を放ち逃がすという仏教の慈悲の行いで、この場合、裏面に記されている数量から、放たれたのは魚であろう。六八九年は持統朝の飛鳥浄御原令施行の年にあたる。渕評においても、都にならって殺生を戒める仏教行事が、評の長官（評督《ひょうとく》）の指示のもとでいち早くとりおこなわれたことがわかる。

葬制においては、火葬された骨を土器（蔵骨器）に入れ、横穴式石室墳に納めた例が、八世紀はじめには広く認められるようになる。仏教思想にもとづく火葬が、遠江でも想像以上に早く浸透していたと考えられる。

## 祝詞と呪い

梶子遺跡内にある伊場大溝の発掘調査では、大溝を埋める奈良時代前半の堆積層から神の名を記したためずらしい木簡（梶子４号、**図67**）がみつかっている。

この木簡は、神々の名を列記した後に「六柱の神の御名を呼びて白《もう》し奉る」で結ばれたもので、神の名には、「坐大神

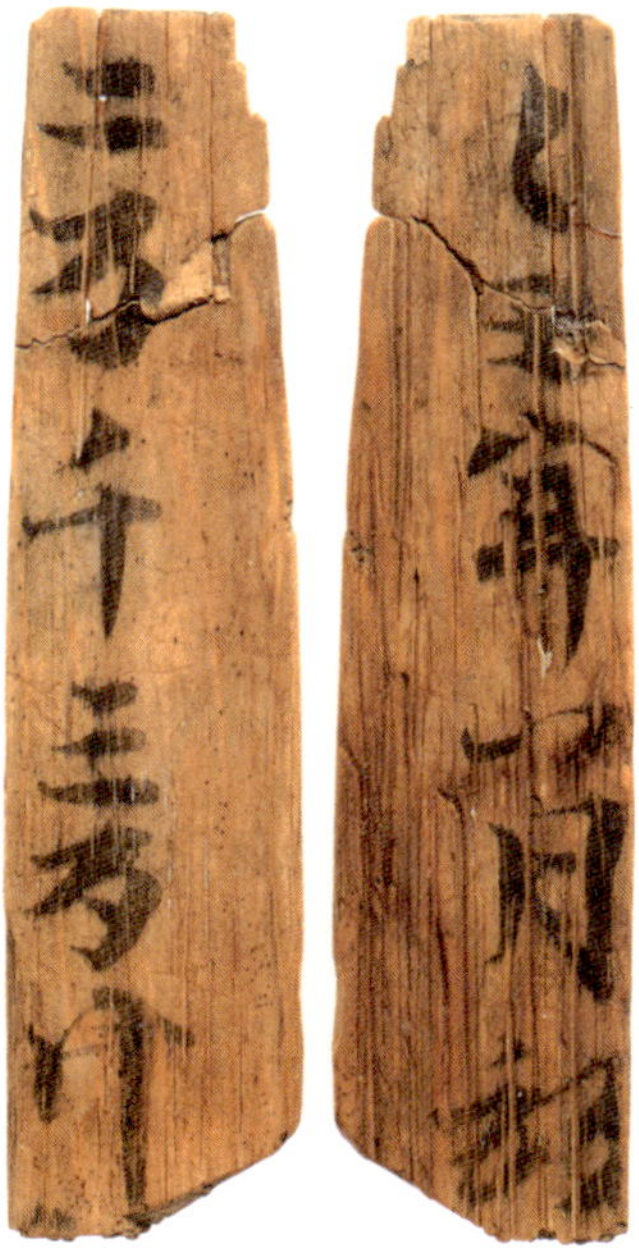

**図66 ● 放生会木簡（伊場４号）**
放生会は仏教の不殺生の思想にもとづく作善行事。都にならい地方でも持統朝にはおこなわれた。

命、木幡比女命、千幡男□、生魂命、足魂命」などを読みとることができた。

古代祭祀にくわしい國學院大學の笹生衛氏によると、律令国家による紀年・月次《つきなみ》祭の生魂《いくむすひ》命《のみこと》、足魂《たるむすひ》命の神に、敷智郡内の地元の神である坐大神《いますおおかみ》命、木幡比女《こはたひめ》命、千幡男《ちはたお》□を組み合わせて祭る内容の祝詞《のりと》で、『延喜式』神祇《じんぎ》祝詞に似た部分があることから、律令国家の祭祀の影響下で書かれたものだという。この木簡は祝詞木簡ともよばれ、奈良時代前半期における地方郡家での神祇祭祀のあり方を示す貴重な資料である。

梶子遺跡で伊場大溝が調査された地点は、七〜八世紀の郡（評）の中枢部と推定される城山遺跡のすぐ北側であり、祝詞木簡をともなった祭祀は、敷智郡家の中枢部でおこなわれた祭祀といえよう。

これ以外にも、呪符木簡とよばれる祭祀にかかわる木簡（伊場39号、図68）が出土している。伊場遺跡の大溝南岸近くで、倒立した状態で出土し、古くから注目されてきた。龍の絵が描かれ、「百恠呪符…疾三神／天罡…急々如律令」と記され、龍、人、弓、戌、蛇といった文字も

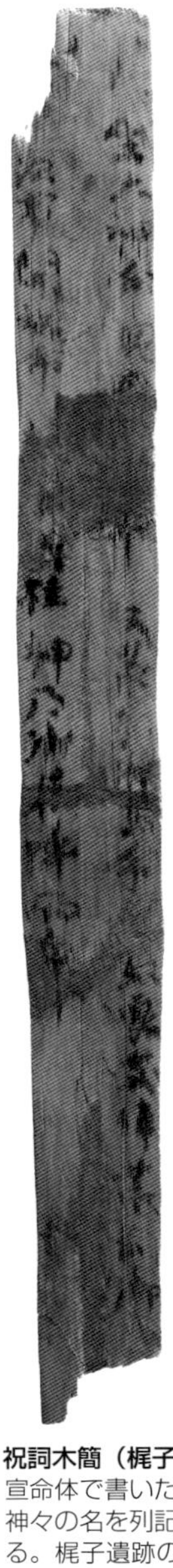

**図67 ● 祝詞木簡（梶子4号）**
宣命体で書いた木簡で、神々の名を列記してある。梶子遺跡の第9次調査区、伊場大溝Ⅴ層から出土。赤外線写真。

みえる。百恠は百怪、疾は病であり、百もの怪異を除き、疫神を退散させて病気や天災除去を願った呪《まじな》い札と考えられている。「天罡《てんこう》」は北斗星、「急々如律令《きゅうきゅうにょりつりょう》」は事が速やかに成就するようにとの常套句で、道教信仰の影響が強いものである。龍は水を司る神と考えられており、龍の絵と文字が記された木簡が長期間立てられていたらしいことから、雨乞いなどの祭祀が大溝内で実際におこなわれたと推定される。

　また、伊場遺跡の大溝からは「若倭部小刀自女病有依（符籙《ふろく》）」（伊場61号、**図69**）と墨書された斎串も出土している。「若倭部小刀自女という女性に病気が有るにより」の意味で、文末の「符籙」

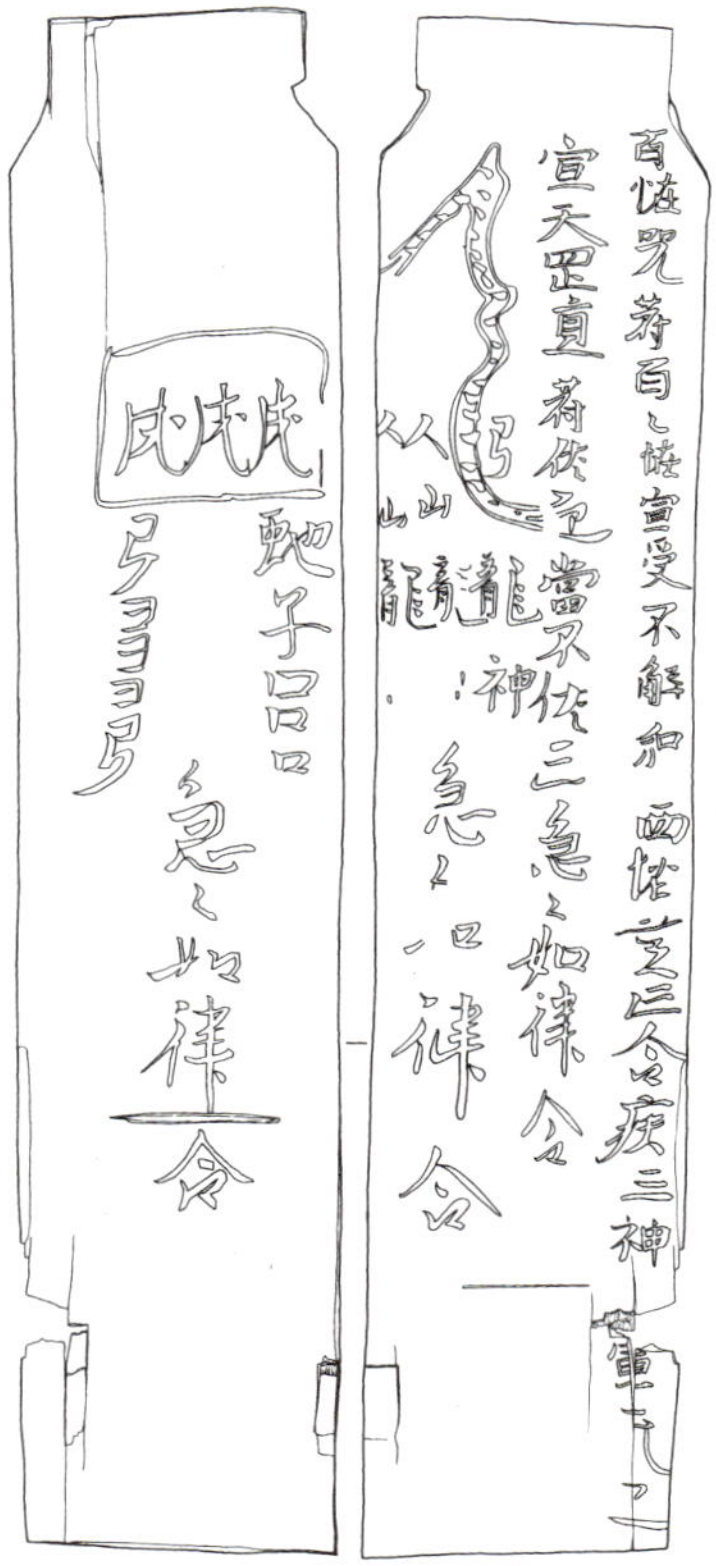

**図68 ● 伊場39号（百怪呪符）木簡**
伊場大溝の水辺と推定されるところで、倒立した状態で出土した奈良時代の呪符木簡。墨は消えかけているが、字の部分は浮き上がって残る。

**図69 ● 伊場61号（小刀自女病有）木簡**
木簡の両側面に上からの切込があり、斎串を用いたことがわかる。道教により、病気の治癒を願ったもの。

は道教の呪文である。個人の病気平癒を願う道教信仰にもとづいた呪い札で、祭祀にともなって人形と同様、大溝に流されたのだろう。

道教は、不老長寿を求めた中国の伝統宗教であり、陰陽思想や神仙思想を含み、呪術を積極的にとり入れている。日本へは古墳時代に伝わったらしいが、七世紀末葉以降、律令国家により普及がはかられた。

これらの木簡は、放生会などの公的な仏教行事や神祇祭祀などとともに、道教信仰も地方郡家に浸透し、しだいに個人にも普及していったことを示している。

### 描かれた祈り

祝詞木簡が出土した梶子遺跡の伊場大溝からは、人物の顔を描いた土師器の甕も出土してい

図70 ● 梶子遺跡出土の人面墨書土器
地元遠江産の土師器甕に人の顔かたちを墨で描いたもの。罪や穢れをこの甕に移し、伊場大溝に流したのだろうか（高さ30.5㎝）。

る。甕の胴に、墨で、目、鼻、口、耳、眉毛、髭を描き、額より上は欠けている。肩や襟元も描いているが、絵の大きさからみて、上半身だけを表現したようだ。

人物を描いた土器を総称して「人面墨書土器」とよび、平城京、長岡京、平安京など都城を中心とした畿内ではおもに鉢に描いているが、梶子遺跡のものは甕に描いている（図70）。

大溝の最下流部にあたる鳥居松遺跡では、小型甕一点、碗二点の計三点が出土した。また、遠江国府跡と考えられる磐田市の御殿二ノ宮《ごてんにのみや》遺跡でも出土しているので、人面墨書土器は官衙関連遺跡の近くの川や湿地から出土するようだ。遠江で出土した人面墨書土器は、八世紀後半から九世紀前半のものである。

人面の表情は個性的であるが、優しい顔のものは少なく、無精髭をはやし、ざんばら髪で厳しい表情の者が多い。描かれた人物の多くは、厄病神や鬼神と想像でき、息を吹き込んで罪や穢れを厄病神や鬼神とともに川に流し、無病息災、地域安寧を願ったと考えられている。

伊場遺跡には、九世紀の土師器坏身の内面に、人面とともに「海部屎子女形」と墨書したためずらしい例がある。海部屎子女《しこめ》という女性の見代わり（形代）として、除災

図71 ● 伊場遺跡出土の絵馬（5号絵馬）
馬の姿を手慣れた筆使いで、写実的に、しかも軽妙に描いた絵馬。8世紀後半から9世紀前葉。

延命を祈願し、供え物とともに大溝に流したものと推定される。

祈りにかかわる絵としては、だれもが知っているのが絵馬であろう。伊場遺跡では絵馬が七点出土し（図71）、伊場遺跡群全体では一〇点みつかっている。

伊場遺跡で絵馬がみつかった一九七五年当時は、最古のものでも鎌倉時代までしか知られておらず、奈良時代後期にさかのぼる絵馬の発見はたいへん注目されたが、一方で疑問視する声も多く聞かれた。しかし、その後は全国的に類例が増え、大阪府の難波宮では飛鳥時代にさかのぼるものもみつかっている。

伊場遺跡の絵馬には、馬だけでなく、牛を描いた平安時代に下るものも二点ある。いずれも大溝に流していることから、現在の神社に奉納する祈願絵馬とは扱いが異なっていたようだ。

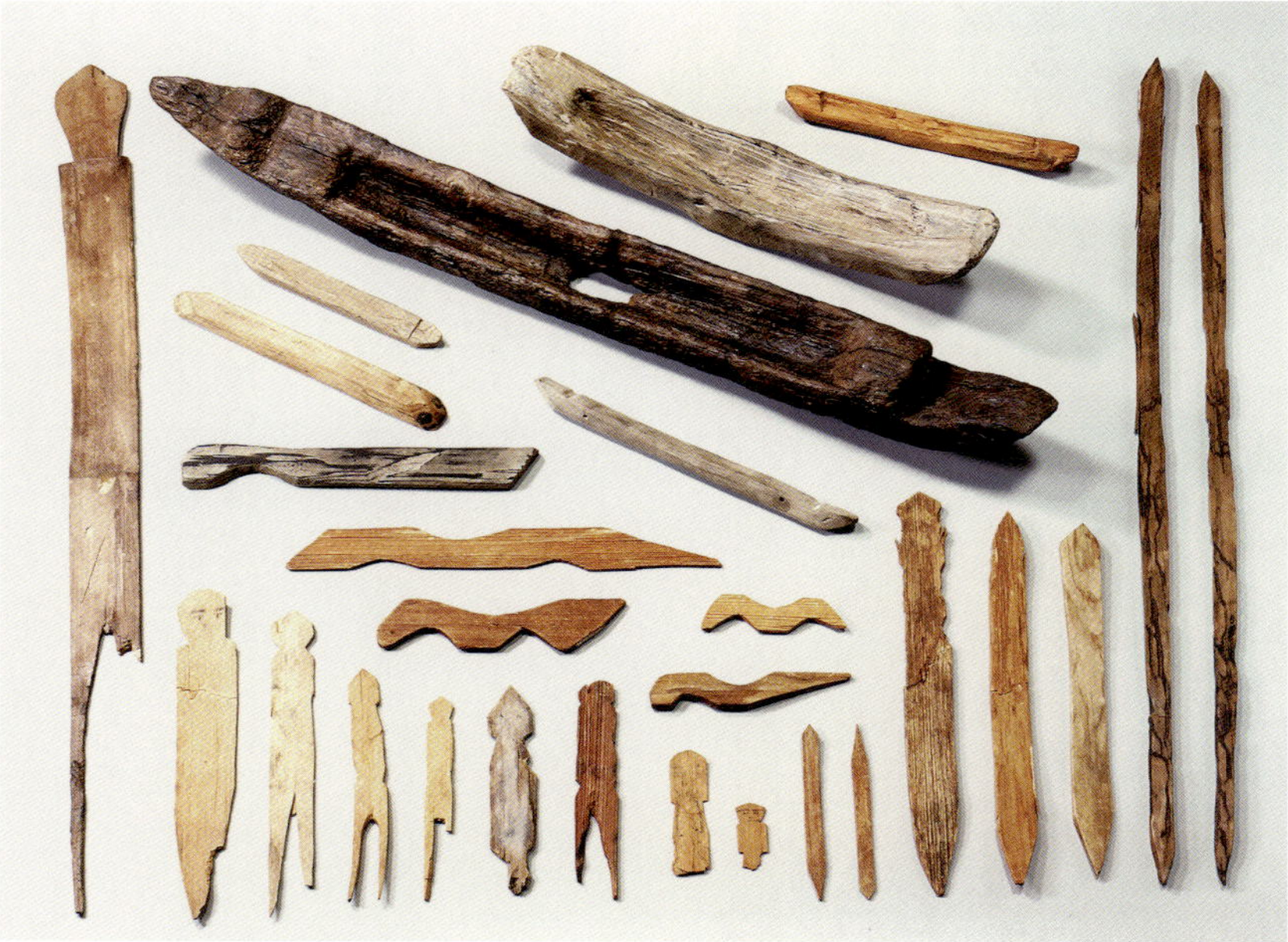

**図72 ● 木製祭祀遺物**
木製祭祀遺物には人形、馬形、舟形、斎串などがあり、伊場大溝の各所で出土した。郡家をあげて、穢れを払う祭祀を定期的に長期間おこなっていたようだ。

## 木製祭祀遺物

木製祭祀遺物について、もう少し紹介しよう。伊場遺跡群でもっとも多く出土する祭祀遺物は、形代類をふくむ木製の祭祀遺物である（図72）。

人形、馬形、斎串はヒノキ材を薄く剝いでつくったもので、人形は罪や穢れを移し、川に流すための形代、馬形は厄病神を乗せて流す形代であり、斎串は祭場の結界に使われた。これらの三種類の木製祭祀遺物は、遠江では七世紀末に出現し、奈良時代から平安時代前半にかけて盛行するらしく、道教信仰の影響が指摘されている。

人形と斎串のなかには人面を描いたものもある（図73）。人面を描き加えることで、身代としての役目がいっそう期待されたのだろう。

舟形は、人形などの薄い板状ではなく、立体的に舟を模したもので、当地方では弥生時代から連綿と存在している。遠江に舟形が多いのは、海に近く、海浜部には入江や潟湖が発達しており、舟が生活に密着していたことによる。律令祭祀においては馬形と同様に、悪霊や厄病神を乗せて退散させる機能が期待されたの

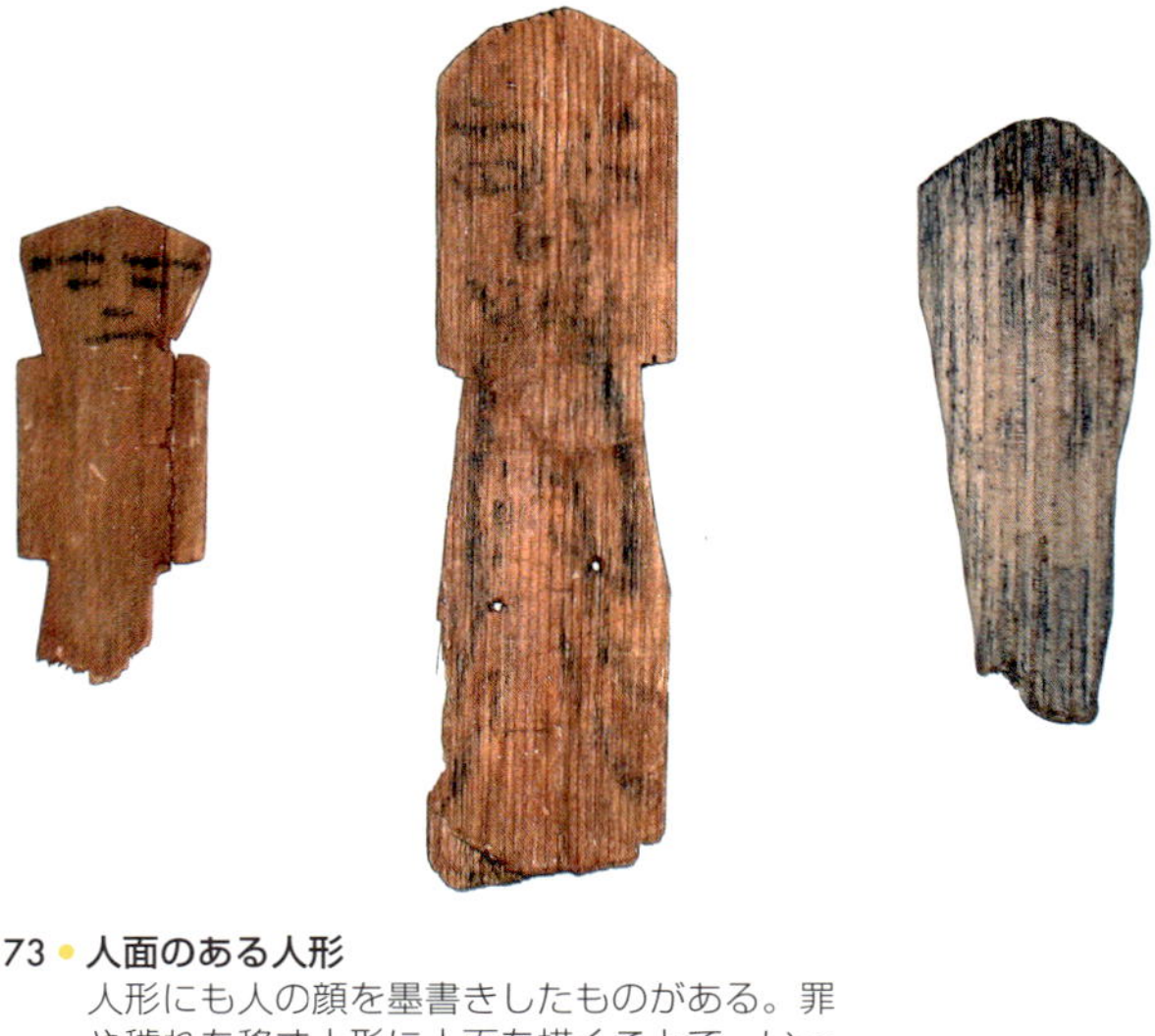

**図73 ● 人面のある人形**
人形にも人の顔を墨書きしたものがある。罪や穢れを移す人形に人面を描くことで、いっそうの効果を期待し大溝に流したのだろうか。

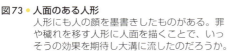

だろう。

　また、馬形や舟形に墨で目を入れ、側面に波状の模様を加えたものも出土している（図74）。早い成就を祈願したのだろうか。なお、以上の木製祭祀遺物のほかには刀形が知られているが、遠江での発見例はわずかである。

## 土製祭祀遺物

　遠江では土製祭祀遺物も豊富で、独自の発展が認められる（図75）。都城とはだいぶ趣の異なる土馬とともに、須恵器製の陶馬もある。

　陶馬はおもに浜名湖西岸の湖西窯で生産されたため、静岡県西部に多く、東部では少ない。古いものは鞍や手綱などが表現されているが、時期がたつにしたがって裸馬が多くなり、しかも小型化する。湖西窯では人形はみられず、両者が組み合うことはない。

　土馬は土製人形とセットとなり、遠江と駿河では多く出土するが、静岡県以外ではほとんど出土しない。なお、陶馬と、土製人形が組み合う土馬とでは、使われ方が異なっていた可能性

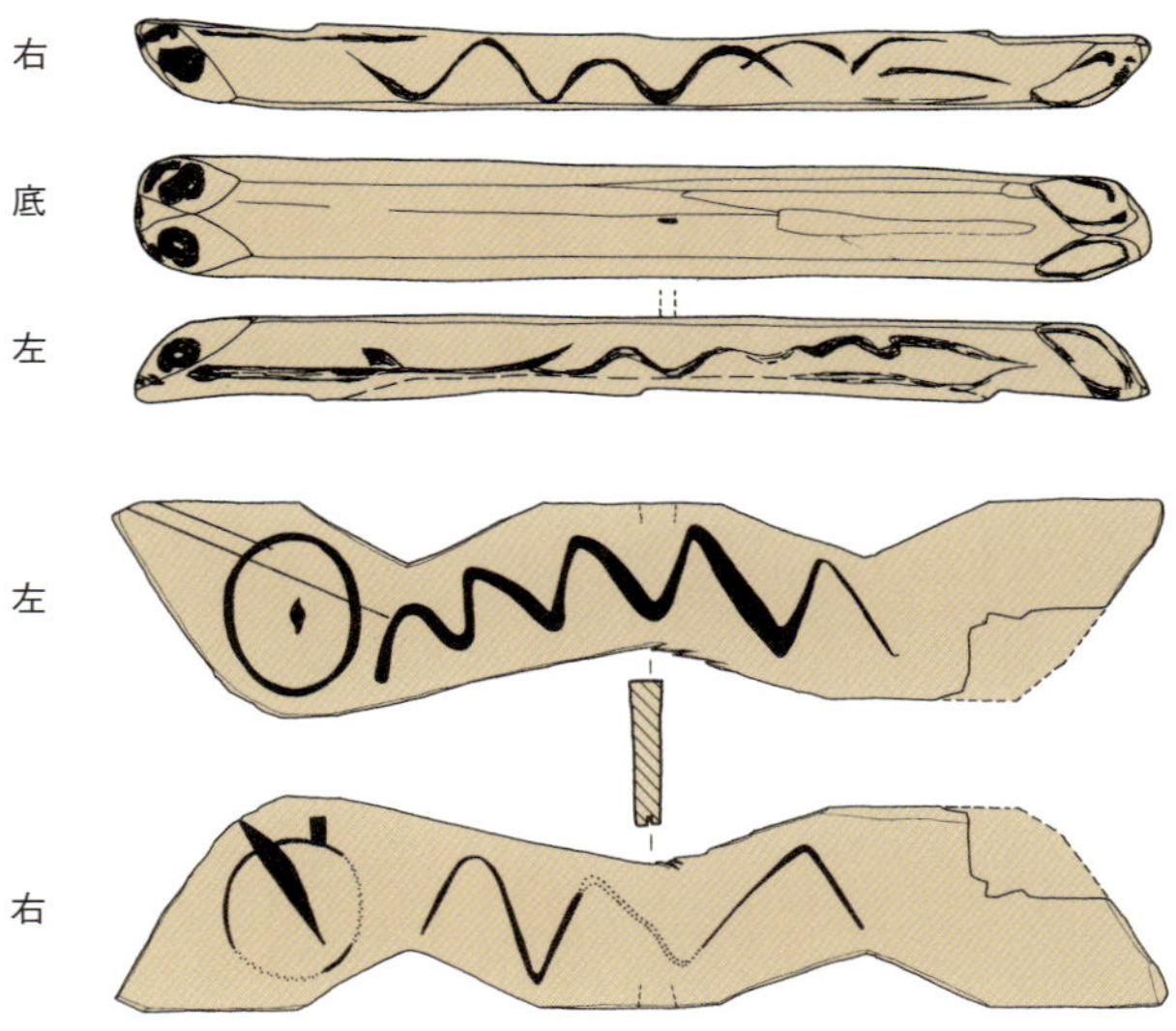


**図74 ● 目と波文を入れた舟形（上）と馬形（下）**
舟形や馬形にも目や波文を墨書したものがあり、すみやかな成就を祈願したようだ。2点とも伊場大溝出土。

がある。あるいは、陶馬には有機物でつくった人形が乗せられたのかもしれない。

これらのほかに勾玉、革袋、甑、甕、高坏、手づくねなど多様な土製祭祀遺物があり（図76）、全国的にも注目されている。多くは七世紀末あるいは八世紀はじめに出現し、八世紀の終わりごろまで継承される。

伊場遺跡の北約七・五キロにある西畑屋《にしはたや》遺跡では、八世紀初頭の土製祭祀遺物を大量にともなう祭祀遺構が調査された。たんに土馬と人形が組み合うだけではなく、騎馬の状態の例が確認されている。人形は、目鼻口を沈線や刺突で表現するものの、腕は付いていない。腕がないのは、馬を制御して回帰するのを防ぐためなのか。だとすると、乗馬するのは厄病神なのだろうか。西畑屋遺跡では焚火の跡や実用の移動式竈とともに、煮炊き用の甕や甑が大量に出土した。恐れる悪霊や厄病神に対しては、村が一丸となって饗応することで、速やかな退散を促したの

図75 ● 梶子北遺跡などから出土した土製祭祀遺物
遠江には土製祭祀遺物が豊富に存在し、注目されている。人形、馬形（陶馬・土馬）、勾玉形、革袋形が中心で、食器や厨房具を模したものもある。

だろうか。

伊場遺跡群では、梶子北遺跡の北側、第一砂丘から南の湿地に至る場所で、まとまった土製祭祀遺物が出土した（図75）。土馬はゴジラ顔、人形は猫顔と、表現にはおもしろさもあるが、人びとの切実な願いが込められていたことが想像される。遺跡ごとに個性的な表現であることから、村々でつくられ、村ごとにおこなわれた祭祀で使用されたようだ。

伊場遺跡群での出土例が少ないことから、西畑屋遺跡での祭祀は地域の一般農民が主体で、郡家が主導する公的祭祀とは異なるものであったのだろうか。

## 伊場遺跡のこれから

以上、本書では伊場遺跡から古代地方行政の姿をみてきたが、発掘調査は、遺跡の

図76 ● 西畑屋遺跡出土の土製品
西畑屋遺跡は、祭祀を実際におこなった川辺の遺跡。土製祭祀遺物とともに、饗応のために持ち寄った煮炊き用具や食器用の土器も大量に出土。

保存運動が盛り上がるなかでおこなわれたこともあって、全国的に注目されつづけた。それだけに、調査では最先端の精度が要求され、細心の注意が払われた。

検出しづらい低湿地での調査精度をいかに向上させるか、重要な木簡や墨書土器を損傷しないように、また見落とすことのないようにするにはどうするか、水を含む大量の粘土をいかに効率よく掘るかなど、試行錯誤の連続でもあった。

発掘調査体制も、大学や地元の研究者が参加する体制から、行政職員が自前でおこなう体制へと移行した。伊場遺跡の発掘調査のために組織された浜松市遺跡調査会（一九六九年設立）がその後の開発にともなう発掘調査を担った。そして、財団法人浜松市文化協会（一九八六年）へ、さらに財団法人浜松市文化振興財団（二〇〇五年）に引きつがれ、伊場遺跡周辺に分布する敷智郡家関連遺跡の発掘調査をおこなった。

調査精度を求めての試行錯誤は今日の発掘調査に生かされ、また県内における発掘調査の手本ともなった。調査体制の確立により、伊場遺跡の調査後、官民による大規模な宅地や工業団地の造成（土地区画整理事業）にもいち早く

図77 ● 整備が進められている伊場遺跡公園（1976年当時）
調査された弥生環濠と復元されたばかりの古墳時代住居。今は、復元家屋は解体され、環濠は整地後、表面展示となった。

対応することができた。

　伊場遺跡の発掘調査は一二回、のべ一四年間を要し、整理作業はその後二八年間つづけられて、二〇〇八年に事業はすべて完了した。発掘調査を指導した向坂鋼二氏と現場を指揮した川江秀孝氏はすでに第一線を退き、整理作業の後半を担当したのは、発掘調査に直接携わっていない私たちの世代となった。

　最後の総括編（二〇〇八年刊行）は、おもに遺跡の性格を左右する木簡の再確認にあった。再解読事業は奈良文化財研究所と浜松市の共同研究としておこなわれたが、渡辺晃宏氏、山本崇氏ほか研究所職員の協力のおかげで完了した。本文の多くはこの成果に負うところが大であり、また、この事業により伊場木簡は、古代日本史研究にとって、現在においても色あせることのない一級の資料と再評価されたのである。

　このように、伊場遺跡での発掘調査成果は、日本古代史上画期的なものとなったが、全国的に伊場遺跡といえば、最初にイメージするのが伊場裁判という人も多い。伊場遺跡は、遺跡の大半を開発に供したが、遺構自体は埋め戻して保存され、堀留川の南側一帯は遺跡公園として

**図78 ● ありし日の伊場遺跡資料館**
1975年に開館した資料館は、2013年には一定の役割を終えたとして解体され、現在は公園駐車場となっている。

整備された。一九七五年には伊場遺跡資料館もオープンし、調査成果が広く公開されてきた。資料館と公園は、浜松市博物館の伊場分館施設として長く市民・県民に親しまれ、多くの県内外来訪者を迎えたが、平成の大合併にともなう施設統廃合と施設の老朽化のため、資料館は二〇一〇年には閉館し、二〇一三年には解体された。

私が、伊場遺跡を最初に訪れたのは高校生のときで、大学生になって短期間ではあったが発掘調査にも参加した。資料館ができたばかりのころで、ここでの活気みなぎる若い調査員のみなさんからの発掘調査と考古学の指導は、その後の調査や研究の基礎になった。思い出がつまった伊場遺跡資料館の解体、先輩方が築いた発掘調査体制の大きな改変など、複雑な思いではあるが、これも時代の要請だろう。

発掘調査をとりまく環境は大きく変わったが、伊場遺跡群出土の木簡や墨書土器は二〇〇二年に静岡県指定文化財となり、他の遺物とともに各地の展覧会に貸し出され、広く公開活用されている。また、二〇〇八年には総括編の完成を記念して、浜松市博物館でテーマ展「浜松市最古の文字」、文化財課ではシンポジウム「伊場木簡から古代史を探る」が催され、ガイドブック『いにしえの文字と浜松』も制作された。そして、一連の事業の成果をまとめた書籍『伊場木簡と日本古代史』（二〇一〇年）も刊行された。

地域にとってかけがえのない保存されるべき遺跡を開発に供した負の遺産を背負いつつも、伊場遺跡と出土品の歴史的価値が忘れられることなく、これからも地域の歴史遺産として活かされることを期待したい。

## 参考文献


國學院大學伊場遺跡調査隊　一九五三『伊場遺跡—西遠地方に於ける低地性遺跡の研究—』（一次）
浜松市教育委員会　一九六八『伊場遺跡予備調査の概要』（二次）
浜松市遺跡調査会　一九七一『伊場遺跡第三次発掘調査概報』
浜松市遺跡調査会　一九七二『伊場第四次発掘調査月報合本』
浜松市遺跡調査会　一九七三『伊場遺跡第五次発掘調査概報』
浜松市遺跡調査会　一九七五『伊場遺跡第六・七次発掘調査概報』
浜松市教育委員会　一九七九『国鉄東海道線線路敷地内埋蔵文化財発掘調査報告書—伊場遺跡第一二次の一期調査概報—』
浜松市遺跡調査会　一九八一『伊場遺跡第八～一三次発掘調査概報』
浜松市教育委員会　一九七六『伊場木簡』（第一冊）
浜松市教育委員会　一九七七『伊場遺跡　遺構編』（第二冊）
浜松市教育委員会　一九七八～二〇〇二『伊場遺跡　遺物編』一～八（第三～一〇冊）
浜松市教育委員会　二〇〇七『伊場遺跡　補遺編（遺構編Ⅱ・自然遺物編）』（第一一冊）
浜松市教育委員会　二〇〇八『伊場遺跡　総括編（文字資料・時代別総括）』（第一二冊）
可美村教育委員会　一九八一『静岡県浜名郡可美村　城山遺跡調査報告書』
（財）浜松市文化協会　一九九四『梶子遺跡Ⅸ』
（財）浜松市文化振興財団　二〇一二『梶子遺跡一三次』
（財）浜松市文化協会　一九九七『梶子北遺跡遺構編・木器編』、一九九八『梶子北遺跡遺物編』
（財）浜松市文化振興財団　二〇〇六『梶子北遺跡（三永地区）古墳・奈良時代編』（三永遺跡）
（財）浜松市文化協会　二〇〇五『中村遺跡（南伊場地区）本文編』
（財）浜松市文化振興財団　二〇〇六『中村遺跡 古墳・奈良時代編』
（財）浜松市文化振興財団　二〇〇五『東若林遺跡』
（財）浜松市文化協会　一九九六『若林村西遺跡』
（財）浜松市文化協会　一九九七『九反田遺跡』
（財）浜松市文化協会　一九九九『東野宮遺跡Ａ』
（財）浜松市文化振興財団　二〇〇九『鳥居松遺跡五次』
浜松市博物館　二〇〇三『静岡県指定文化財　伊場遺跡出土古代文字資料　地中から現れた古代の文字』（博物館資料集一二）
向坂鋼二　一九九六「解説　伊場・城山遺跡の古代文字資料」『遠江』一九
浜松市文化財課　二〇〇八『いにしえの文字と浜松』
伊場木簡から古代を探る会　二〇一〇『伊場木簡と日本古代史』（考古学リーダー一七）六一書房

## 伊場遺跡公園

・静岡県浜松市中区

　東伊場二丁目22―1

・ＪＲ浜松駅北口バスターミナル５番から、宇布見・山崎行きで「伊場遺跡入口」下車、南へ徒歩10分

伊場遺跡資料館はすでに解体され、現在は公園駐車場となっている。公園には、弥生時代の環濠と、古代の大溝や掘立柱建物跡の一部が表面展示され、古代の高床式倉庫二棟と平屋建物二棟が復元整備されている。なお、公園の西方数百メートルの所には「城山遺跡」の石碑がある。また、堀留川をはさんだ北側一帯が梶子遺跡である。

## 浜松市博物館

・浜松市中区蜆塚四丁目22―1

　蜆塚公園内

・電話０５３（４５６）２２０８

・開館時間　9：00～17：00

・休館日　月曜日、休日の翌日、年末年始（12月29日～1月3日）

・入館料　大人３００円、高校生１５０円、小中学生無料

・交通　ＪＲ浜松駅北口バスターミナル２番から、蜆塚・佐鳴台行きで「博物館」下車

一九七九年に開館した歴史系博物館。蜆塚公園内にある。常設展示「はままつの歴史・文化展示室」では、縄文時代は蜆塚遺跡、弥生時代は伊場遺跡の環濠集落、古墳時代は三方原古墳群、古代は伊場遺跡などの敷智郡家関係遺跡、中世は曳馬宿、近世は浜松城が展示の柱となっている。古代の展示コーナーで、木簡、墨書土器、円面硯、帯金具など、伊場遺跡群の発掘調査で得た成果を展示している。

公園内には縄文時代後晩期の貝塚遺跡として知られる国指定史跡の蜆塚遺跡があり、遺跡公園として整備されている。

中央縦長の緑地帯が伊場遺跡公園。右側は電車留置場と貨物専用の西浜松駅。
写真右側に梶子・中村遺跡が、右上に九反田・鳥居松遺跡がある。

# 遺跡には感動がある

――シリーズ「遺跡を学ぶ」刊行にあたって――

「遺跡には感動がある」。これが本企画のキーワードです。

あらためていうまでもなく、専門の研究者にとっては遺跡の発掘こそ考古学の基礎をなす基本的な手段です。また、はじめて考古学を学ぶ若い学生や一般の人びとにとって「遺跡は教室」です。

日本考古学では、もうかなり長期間にわたって、発掘・発見ブームが続いています。そして、毎年厖大な数の発掘調査報告書が、主として開発のための事前発掘を担当する埋蔵文化財行政機関や地方自治体などによって刊行されています。そこには専門研究者でさえ完全には把握できないほどの情報や記録が満ちあふれています。しかし、その遺跡の発掘によってどんな学問的成果が得られたのか、その遺跡やそこから出た文化財が古い時代の歴史を知るためにいかなる意義をもつのかなどといった点を、莫大な記述・記録の中から読みとることははなはだ困難です。ましてや、考古学に関心をもつ一般の社会人にとっては、刊行部数が少なく、数があっても高価なその報告書を手にすることすら、ほとんど困難といってよい状況です。

いま日本考古学は過多ともいえる資料と情報量の中で、考古学とはどんな学問か、また遺跡の発掘から何を求め、何を明らかにすべきかといった「哲学」と「指針」が必要な時期にいたっていると認識します。

本企画は「遺跡には感動がある」をキーワードとして、発掘の原点から考古学の本質を問い続ける試みとして、日本考古学が存続する限り、永く継続すべき企画と決意しています。いまや、考古学にすべての人びとの感動を引きつけることが、日本考古学の存立基盤を固めるために、欠かせない努力目標の一つです。必ずや研究者のみならず、多くの市民の共感をいただけるものと信じて疑いません。

二〇〇四年一月

戸沢充則

## 著者紹介

鈴木敏則（すずき・としのり）

1957年、静岡県湖西市生まれ。

奈良教育大学教育学部卒業。

前浜松市博物館館長。

主な著書　「遠江における原始・古代の紡織具」『浜松市博物館館報』第12号、浜松市博物館、「静岡県の土製模造品」『土製模造品から見た古墳時代の神マツリ』山梨県考古学協会、「伊場遺跡群と古代木簡」『考古学ジャーナル』2009年6月号（地方木簡と遺跡の現状研究）、「伊場遺跡群の最新情報と古代の地名」『伊場木簡と日本古代史』六一書房（考古学リーダー 17）、「伊場遺跡群と古代敷智郡家」『静岡県考古学研究』41・42号、静岡県考古学会、「須恵器の編年　東日本」『古墳時代の考古学Ⅰ　古墳時代の枠組み』同成社、「静岡県伊場遺跡群と遠江の古代交通」『日本古代の道路と景観―駅家・官衙・寺―』八木書店ほか。

**写真提供（所蔵）**
浜松市博物館（図4・50は浜松市）

**図版出典・参考（一部改変）**
図5：国土地理院2万5千分の1地形図「浜松」／図8・18：『梶子遺跡13次』／図13・22：『いにしえの文字と浜松』／図14・36：『鳥居松遺跡5次』／図16・17・40・41・42・46・68：『伊場遺跡総括編』／図45：『日本古代の道路と景観―駅家・官衙・寺―』／図74：『伊場遺跡遺物編1』
上記以外は著者

シリーズ「遺跡を学ぶ」127
**古代地方木簡《もっかん》のパイオニア　伊場《いば》遺跡**

2018年　7月　1日　第1版第1刷発行

著　者＝鈴木敏則
発行者＝株式会社 新 泉 社
東京都文京区本郷2－5－12
TEL 03（3815）1662 ／ FAX 03（3815）1422
印刷／三秀舎　製本／榎本製本

ISBN978－4－7877－1837－2　C1021

## シリーズ「遺跡を学ぶ」